Duden

SMS
Schnell-Merk-System

Latein Vokabeltrainer

5. bis 10. Klasse

Duden Schulbuchverlag
Berlin · Mannheim · Leipzig · Wien · Zürich

Inhaltsverzeichnis

1 Vokabeln richtig lernen

Das A und O einer Sprache: Vokabeln!

Vokabeln lernen heißt, die Wörter einer Sprache so zu verinnerlichen, dass sie jederzeit aus dem Gedächtnis abgerufen werden können. Vokabeln richtig lernen heißt vor allem, drei wichtige **Grundregeln** zu beachten:

- den Lernstoff **in Portionen einteilen!** 8–12 Vokabeln pro Lerneinheit sind genug!

caelum · terra · sol · luna · orbis · mundus · stella · tellus · universum · caelestis

- Vokabeln, die untereinander **Ähnlichkeiten und Zusammenhänge** aufweisen, werden leichter im Gedächtnis verankert. Daher sind die Vokabelportionen in diesem Band bestimmten Themen und Funktionen zugeordnet.

Jahreszeit und Wetter: ver · primo vere · aestas · summa aestate · aestus · autumnus · hiems · hieme ineunte · frigidus · gelidus

- **Lernzeiten einhalten!** Es ist wichtig, regelmäßig Vokabeln zu lernen – am besten eine kleine Einheit täglich – und nach jeder Lernphase eine Pause einzulegen.

20–30 Minuten tägliche Wortschatzarbeit (inklusive Wiederholungsphasen) sind genug!

Im Lateinischen ist es wichtig, bei den Substantiven Genitiv und Genus sowie bei den Verben die Stammformen zu kennen. Nur so kannst du sie bei der Übersetzung richtig erschließen. **Lerne die Vokabeln also mit allen Angaben!**

os, **oris (n)** – der Mund, das Gesicht
agere, **ago, egi, actum** – treiben, handeln, tun

Vokabelkartei

Eine der besten Methoden, um Vokabeln zu lernen, ist die Arbeit mit einer **Vokabelkartei.**

Du brauchst:
– einen Karteikasten (z. B. einen leeren Schuhkarton),
– passende Karteikarten,
– Trennkarten.

Vorbereitung:
- den Karteikasten mit den Trennkarten in **drei Fächer** unterteilen.
- auf jede Karte vorn die lateinische Vokabel schreiben, hinten die deutsche Bedeutung mit allen Zusätzen: Genitiv, Genus, Stammformen ...
- die Karteikarte ins erste Fach stellen.

Wichtig:
– die Karteikärtchen fehlerfrei beschriften,
– wichtige Angaben, wie z. B. zugehörige Präpositionen oder unregelmäßige Formen, ebenfalls auf die Kärtchen schreiben.

Das erste Fach:
Nimm eine Karte und lies das lateinische Wort laut vor. Wie heißt es auf Deutsch?
- Weißt du es, stellst du die Karte in Fach 2.
- Weißt du es nicht, schaust du dir die Karte nochmal an und stellst sie als hinterste Karte zurück in Fach 1.

Tipp:
– Sprich die Wörter laut aus! So werden mehrere Sinne am Lernprozess beteiligt und du behältst die Vokabel besser im Gedächtnis.
– Mach nach 15–20 Minuten eine kurze Pause von etwa fünf Minuten.

Das zweite Fach:
Sind etwa zehn Vokabeln in Fach 2, prüfst du zudem alle zusätzlichen Angaben. Weißt du noch den Genitiv, das Genus, die Stammformen?
- Nicht gewusste Vokabeln wandern zurück in Fach 1.
- Vokabeln, deren Angaben du nicht kennst, bleiben in Fach 2.
- Vokabeln, die du mit allen Zusatzangaben kennst, kommen in Fach 3.

Tipp:
Vokabeln, die du dir nicht so leicht merken kannst, lernst du am besten gesondert. Etwa, indem du sie
– mehrmals abschreibst,
– zur Haftvokabel machst (↑ S. 6) oder
– mit einem Aufnahmegerät aufnimmst (↑ S. 7).

Das dritte Fach:
Nimm dir von Zeit zu Zeit die Kärtchen aus Fach 3 und prüfe, ob du sie noch immer mit all ihren Zusatzangaben kennst.
- Nicht gewusste Vokabeln wandern wieder zurück in Fach 1.
- Vokabeln, deren weitere Angaben du nicht mehr weißt, kommen in Fach 2.
- Die gewussten Vokabeln werden aussortiert.

Beachte:
– Bevor du dich mit dem dritten Fach beschäftigst, lasse ruhig drei Tage vergehen.
– Wenn du die Vokabeln dann immer noch kannst, wiederhole sie erst wieder eine weitere Woche später, um sie fest im Langzeitgedächtnis zu verankern.

Vokabelheft

Vokabeln werden am besten in ein Vokabelheft geschrieben. Nachdem du die ersten fünf Vokabeln gelesen hast, solltest du die Augen zumachen und die Vokabeln leise wiederholen. Dann die nächsten fünf Vokabeln lesen, wieder die Augen zumachen und auch diese aus dem Gedächtnis wiederholen.

Wichtig:
– Achte darauf, beim Abschreiben der Vokabeln keine Fehler zu machen. Vielleicht kann ein Freund oder eine Freundin kontrollieren, ob du alle Vokabeln richtig abgeschrieben hast, und umgekehrt.
– Lerne auf keinen Fall mehr als eine ganze Vokabelseite im Heft auf einmal!

Haftvokabeln

Schwierige Vokabeln kannst du auch auf Haftnotizzettel schreiben, die du zu Hause aufklebst. Immer wenn dir ein solcher Zettel ins Auge fällt, solltest du die Vokabel laut sprechen.

Tipp:
– Klebe die Zettel an Stellen, an denen du häufig vorbeigehst, z. B. Kleiderschrank, Badezimmerspiegel, Kühlschrank.

Schleichvokabeln

Das Buch oder Vokabelheft sollte so weit vom Schreibtisch entfernt liegen, dass du aufstehen musst, um ein paar Vokabeln zu lesen, die du auf dem Rückweg zum Schreibtisch nicht wieder vergessen darfst! Die Vokabeln dann aus dem Gedächtnis heraus aufschreiben und so das Tagespensum bei 2–3 Lernportionen à 8–12 Vokabeln einrichten.

Beachte:
– Je weiter das Buch bzw. Heft vom Schreibtisch weg liegt, desto schwieriger wird die Aufgabe.
– Die Gedächtnisleistung lässt sich kontinuierlich steigern: Je weniger Schleichgänge du benötigst, um eine immer gleiche Anzahl von Vokabeln (z. B. eine Seite aus dem Vokabelheft) zu schreiben, desto besser.

Audiovokabeln

Du kannst deine Lernvokabeln auch mit einem MP3-Player (mit Aufnahmefunktion), einem Handy oder Kassettenrecorder aufnehmen. Sprich zuerst das lateinische, dann – mit einigen Sekunden Abstand – das deutsche Wort. Sprich später in den Pausen die deutschen Vokabeln laut vor dich hin.

Wichtig:
– Sprich bei der Aufnahme langsam und deutlich.
– Gib auch hier wieder Genitiv und Genus bzw. die Stammformen mit an.

Eselsbrücken

Auch mit Eselsbrücken lassen sich Vokabeln gut einprägen:

- Suche nach Parallelen in anderen Fremdsprachen oder nach Wörtern lateinischen Ursprungs im Deutschen.
- Merksprüche helfen auch.
- Auch was dir spontan zu einem Wort einfällt, kann dir als Eselsbrücke dienen.

parentes – parents *(engl.);*
autumnus – l'automne *(frz.);*
konträr, Kontrast – contra;
constituere – Konstitution
Vis, vim, vi – was andres gibts nie!
clam bedeutet „heimlich".
→ Eselsbrücke „klammheimlich"

TOPTHEMA

Den Wortschatz strukturieren

Die Wörter einer fremden Sprache lassen sich ordnen, sodass du sie leicht behalten und richtig anwenden kannst.

❶ Wörter bestehen oft aus
- einem **Wortstamm**
- \+ einem **Präfix** (Vorsilbe, z. B. *ad-, re-, in-, im-, ex-, ob-, ab-*) oder einem **Suffix** (Nachsilbe, z. B. *-or, -tas, -ium, -men, -io, -re*).

So kannst du in vielen Fällen vom Wortstamm, den du kennst, auf die Bedeutung des ganzen Wortes schließen:

Präfix	Wortstamm	Suffix	
re-	veni	-re	revenire (zurückkommen)

❷ **Synonyme** (Wörter mit gleicher Bedeutung) und **Antonyme** (Gegensätze) helfen, Vokabeln im Gedächtnis zu verankern:

laudare ≈ *praedicare* als Synonyme für das Verb „loben“
parvus ↔ *magnus* als Gegensatzpaar „klein ↔ groß“

❸ Um neue Vokabeln mit vorhandenem Wissen zu verknüpfen, ordnest du sie einem Wortfeld zu. **Oberbegriffe** bezeichnen die verschiedenen Aspekte eines Themas, **Unterbegriffe** können z. B. Adjektive zu einem Substantiv sein. Ein solches Wortfeld lässt sich sehr anschaulich mit einer **Mindmap** darstellen.

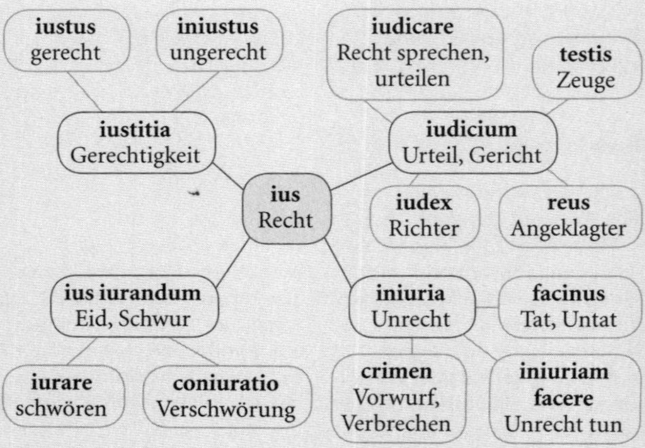

Richtig wiederholen

Damit sich gelernte Vokabeln erfolgreich und wirklich dauerhaft im Gedächtnis verankern, musst du sie mehrmals wiederholen. Hierzu einige Tipps:

- **In sinnvollen Zeitabständen wiederholen!**
Je neuer der Lernstoff ist, desto kürzer sollten die Abstände sein, in denen du dich mit dem Gelernten befasst!

Für das Lernen mit der Vokabelkartei gilt: Vokabeln aus Fach 1 am besten täglich wiederholen, aus Fach 2 jeden zweiten Tag und die anderen mindestens einmal pro Woche.

- **Den Lernstoff systematisch wiederholen!**
In vielen Unterrichtsfächern baut der Lernstoff eines neuen Kapitels auf vorangegangenen Themen auf. Halte daher diese Reihenfolge auch beim Wiederholen ein.

Wiederhole z. B. erst die Vokabeln der Kapitel 3 und 4, bevor du dich mit Kapitel 5 beschäftigst.

- **Den gleichen Lernstoff auf eine andere Art wiederholen!**
Jede Lernmethode verlangt einen besonderen Umgang mit dem Stoff, d. h. Vokabeln, die du auf unterschiedliche Weise lernst, bleiben besser im Gedächtnis.

Arbeitsblätter ausfüllen · Vokabelrätsel, z. B. Kreuzworträtsel oder Buchstabengitter, erfinden und lösen · am Computer lernen

Sich leichter erinnern

Fällt dir gerade nicht ein, wie die Bedeutung einer Vokabel lautet? Dann versetze dich zurück in die Situation, in der du sie gelernt hast. Dieses gedankliche Zurückversetzen erleichtert das Erinnern!

Hast du gemeinsam mit Freunden gelernt? Dann erinnere dich daran, worüber ihr gemeinsam gelacht oder euch gewundert habt. Wo auf der Seite stand das Wort?

Mensch und Gesellschaft

Körper und Aussehen

homō, -inis (m)	Mensch, Mann; Pl.: Leute
corpus, -oris (n)	Körper, Leichnam
caput, -itis (n)	Kopf; Hauptstadt
poena capitis	Todesstrafe
frōns, frontis (f)	Stirn, Vorderseite
a fronte ↔ a tergo	von vorne ↔ von hinten
oculus, -ī (m)	Auge
ante oculos ponere	vor Augen stellen
ōs, ōris (n)	Mund, Gesicht
auris, -is (f)	Ohr
aurem praebere	Gehör schenken
manus, -ūs (f)	Hand; Schar
pēs, pedis (m)	Fuß (als Längenmaß ca. 30 cm)
pedem referre	zurückweichen
membrum, -ī (n)	Glied, Körperteil
pectus, -oris (n)	Brust, Herz
cor, cordis (n)	Herz
tergum, -ī (n)	Rücken
terga vertere	fliehen
sanguis, -inis (m)	Blut
fōrma, -ae (f)	Gestalt, Figur; Schönheit
speciēs, -iēī (f)	Anblick, Aussehen, Schein
primā specie	auf den ersten Blick
faciēs, -iēī (f)	Gesicht; Gestalt, Aussehen
vultus, -ūs (m)	Gesicht, Gesichtsausdruck
pulcher, -chra, -chrum	schön
puella pulcherrima	ein sehr schönes Mädchen
turpis, -e	hässlich; schändlich, schlecht
magnus, -a, -um	groß
maior (Komp.)	größer
maximus (Superl.)	am größten

parvus, -a, -um	klein
minor (Komp.)	kleiner
minimus (Superl.)	am kleinsten

Familie

familia, -ae (f)	Hausgemeinschaft, Familie
familiāris, -e	vertraut, bekannt
dominus, -ī (m)	Herr, Hausherr
domina, -ae (f)	Herrin
servus, -ī (m)	Diener, Sklave
serva, -ae (f)	Dienerin, Sklavin
propinquus, -a, -um	nahe, benachbart, verwandt; Subst.: Verwandter
gēns, gentis (f)	Sippe, Volksstamm
genus, -eris (n)	Geschlecht, Abstammung
nōmen, -inis (n)	Name
nomen gentile	Familienname
Nomen mihi est Flavius./Mihi nomen est Flavio.	*Ich heiße Flavius.*
praenōmen, -inis (n)	Vorname
cōgnōmen, -inis (n)	Beiname

Aufgepasst: Römische Vornamen

Präge dir die Abkürzungen dieser Vornamen gut ein:

C. = Gaius	**M.** = Marcus	**Ser.** = Servius
Cn. = Gnaeus	**Q.** = Quintus	**T.** = Titus
L. = Lucius	**S./Sex.** = Sextus	**Tib.** = Tiberius

parentēs, -um (m, Pl.)	Eltern
pater, -tris (m)	Vater
pater familias	Familienoberhaupt
māter, -tris (f)	Mutter
līberī, -ōrum (m, Pl.)	Kinder
fīlius, -iī (m)	Sohn
fīlia, -ae (f)	Tochter
nātus, -ī (m)	Sohn
nāta, -ae (f)	Tochter
frāter, -tris (m)	Bruder
soror, -ōris (f)	Schwester

avus, -ī (m)	Großvater
nepōs, -ōtis (m)	Enkel, Neffe
geminus, -a, -um	doppelt, als Zwilling geboren
gemini	Zwillinge
uxor, -ōris (f)	Ehefrau
marītus, -ī (m)	Ehemann
coniūnx, coniugis (m / f)	Gatte, Gattin
nūbere, nūbō, nūpsī, nūptum	(einen Mann) heiraten
Cornelia Marco nupsit.	*Cornelia hat Markus geheiratet.*
in mātrimōnium dūcere	(eine Frau) heiraten
Marcus Corneliam in matrimonium duxit.	*Markus hat Cornelia geheiratet.*
mātrōna, -ae (f)	Ehefrau, Gattin

Soziale Beziehungen

amīcus, -ī (m)	Freund
amicus certus	ein zuverlässiger Freund
amīcus, -a, -um	freundlich
amīca, -ae (f)	Freundin
amīcitia, -ae (f)	Freundschaft
comes, -itis (m)	Begleiter, Gefährte
comitārī	begleiten
comitatus amicis	von den Freunden begleitet
hospes, -itis (m)	Gastgeber, Gast, Fremder
hospitium, -iī (n)	Gastfreundschaft
ius hospitii	Gastrecht

ōrdō, -inis (m)	Reihe, Ordnung, Klasse
ordo equester	Ritterstand
ordo senatorius	Senatorenstand
nōbilitās, -ātis (f)	Adel
nōbilis, -e	edel, vornehm
optimī, -ōrum (m)	Aristokraten
eques, -itis (m)	Reiter, Ritter
prīnceps, -ipis (m)	der Erste, Führer, Herrscher
patrēs (cōnscrīptī)	Senatoren
plēbs, plebis (f)	(Volks-)Menge, Bürgerstand
vulgus, -ī (n)	Menge, Volk
vulgo (Adv.)	öffentlich, allgemein

Lebensalter und Altersangaben

■ Bei **Männern** wird das Lebensalter meist **nach Altersstufen** eingeteilt, die ineinander übergehen können.
■ Bei **Frauen** wird vor allem **nach dem Familienstand** unterschieden.

Lebensalter

Jungen galten mit 14 Jahren als volljährig, Mädchen bereits ab 12. Sie standen aber ein Leben lang unter Vormundschaft, erst des Vaters, dann des Ehemanns.

♂	♀
vir, -ī (m) – Mann	**femina, -ae** – Frau
īnfāns, -ntis (m / f) – kleines Kind, bis etwa 7 Jahre	
puer, -ī (m) – Junge, 7–16 Jahre	**puella, -ae** (f) – Mädchen
adulēscentulus, -ī (m) – Jüngling, 14–18 Jahre	**virgō, -inis** (f) – Mädchen, Jungfrau noch nicht verheiratet
adulēscēns, -entis (m) – junger Mann, 14–30 Jahre	**mulier, -eris** (f) – verheiratete / unverheiratete Frau
iuvenis, -is (m) – (junger) Mann, 20–45 Jahre	**uxor, -ōris** (f) – Ehefrau, Hausfrau
senior, -ōris (m) – Mann, 45–60 Jahre	**coniūnx, -iugis** (f) – Ehefrau, Gattin (als Teil des Ehepaars)
senex, senis (m) – Greis, über 60 Jahre	**anus, -ūs** (f) – alte Frau, Greisin

Altersangaben

puer novem annorum – ein Junge von neun Jahren
novem annos natus – neun Jahre alt
maior (natu) fratre / quam fratrem – älter als der Bruder
minor (natu) sorore / quam sororem – jünger als die Schwester
maximus natu e filiis – der älteste der Söhne

Sprechen und verständigen

lingua, -ae (f)	Sprache; Zunge
sermō, -ōnis (m)	Gespräch, Sprache
esse in sermone omnium	in aller Munde sein
vōx, vōcis (f)	Laut, Stimme; Wort
una voce	einstimmig
clāmor, -ōris (m)	Geschrei, Lärm
rūmor, -ōris (m)	Geräusch; Gerücht
rumores spargere	Gerüchte verbreiten
clamāre	schreien, (laut) rufen
vocāre	rufen, (be)nennen
dīcere, dīcō, dīxī, dictum	sagen, behaupten, nennen
dicunt	man sagt
ait, āiunt	er / sie / es sagt, sie sagen
inquit	er / sie / es sagt(e)

affirmāre	behaupten, bekräftigen
loquī, loquor, locūtus sum	reden, sprechen
Marcus Graece loquitur.	*Markus spricht Griechisch.*
ōrāre	(feierlich) reden, beten, bitten
finem orandi facere	eine Rede beenden
ōrātor, -ōris (m)	Redner
ōrātiō, -ōnis (f)	Rede, Vortrag
orationem habere	eine Rede halten
ēloquentia, -ae (f)	Beredsamkeit
ēloquens, -ntis	beredt

verbum, -ī (n)	Wort
appellāre	anreden, nennen
nōmināre	nennen, benennen
exprimere, -primō, -pressī, -pressum	ausdrücken, darstellen
nārrāre	erzählen
fābula, -ae (f)	Erzählung, Fabel
sententia, -ae (f)	Meinung, Spruch
meā sententiā	meiner Meinung nach
(re)ferre, ferō, tūlī, lātum	berichten; zurückbringen
(inter)rogāre	fragen
quaerere, quaerō, quaesīvī, quaesītum	fragen; suchen, untersuchen; erwerben

Aufgepasst: Merke dir folgende Wendungen zu ***quaerere:***
ex reo causam quaerere – von dem Angeklagten den Grund erfragen
de morte amici quaerere – über den Tod eines Freundes Untersuchungen anstellen
sibi rem familiarem quaerere – sich ein Vermögen erwerben

respondēre, -spondeō, -spondī, -spōnsum	antworten
litteris respondere	einen Brief beantworten
respōnsum, -ī (n)	Antwort
fatērī, fateor, fassus sum	gestehen, bekennen
Qui tacet, fatetur.	*Wer schweigt, gesteht.*
confitērī, -fiteor, -fissus sum	gestehen, bekennen
Confitere, quod sentias!	*Gestehe, was du denkst!*
persuadēre, -suadeō, -suāsī, -suāsum	überreden, überzeugen
suadēre, suadeō, suāsī, suāsum	raten, zureden
colloquium, -ī (n)	Unterredung

hortārī	ermahnen, ermuntern
amico hortante	auf Zureden eines Freundes
(ad)monēre, moneō, monuī, monitum	ermahnen, warnen; erinnern
eum de amicitia monere	ihn an die Freundschaft erinnern
prōmittere, -mittō, -mīsī, -missum	versprechen
Plura promittit, quam praestat.	*Er verspricht mehr, als er hält.*
prōmissum, -ī (n)	Versprechen
pollicērī, polliceor, pollicitus sum	versprechen
spondēre, spondeō, spopondī, spōnsum	geloben, versprechen

explicāre	erklären
dēclārāre	erklären
expōnere, -pōnō, -posuī, -positum	darstellen, darlegen
causis expositis	nach Darlegung der Gründe
(dē)mōnstrāre	zeigen, beweisen
ostendere, ostendō, ostendī	darlegen, zeigen
disputāre	erörtern, diskutieren

prōpōnere, -pōnō, -posuī, -positum	vorschlagen, in Aussicht stellen
disserere, -serō, -seruī, -sertum	sprechen über, erörtern
cōnsentīre, -sentiō, -sēnsī, -sēnsum	übereinstimmen
cum amico consentire	mit dem Freund übereinstimmen
↔ **dissentīre,** -sentiō, -sēnsī, -sēnsum	↔ uneins sein, widersprechen
concēdere, -cedo, -cessi, -cessum	zugeben; erlauben

Aufgepasst: Je nach Konstruktion haben die Verben ***persuadere*** und ***concedere*** verschiedene Bedeutungen:

	persuadere	***concedere***
+ AcI:	überzeugen	zugeben, einräumen
+ *ut:*	überreden	erlauben, zulassen

negāre	leugnen, verneinen; sagen, dass nicht
Caesar negavit se iter dare posse.	*Caesar sagte, dass er den Marsch nicht erlauben könne.*
tacēre, taceō, tacuī	schweigen, verschweigen
tacitus, -a, -um	verschwiegen, schweigend
silēre, sileō, siluī	still sein, (ver)schwiegen sein
silentium, -ī (n)	Schweigen
maledicere, -dīcō, -dīxī, -dictum	lästern, schmähen
irrīdēre, -rideō, -rīsī, -rīsum	(aus)lachen, (ver)spotten
mentīrī, mentior, mentītus sum	lügen
↔ **vērum dīcere**	↔ die Wahrheit sagen

Leben und sterben

vīta, -ae (f)	Leben
vitam agere	sein Leben verbringen
vitā decedere	aus dem Leben gehen, sterben
vīvere, vīvō, vīxī, vīctūrum	leben
modus vivendi	Lebensweise
vīvus, -a, -um	lebend, lebendig
Hannibale vivo	zu Lebzeiten Hannibals
vīvidus, -a, -um	lebhaft, belebt; energisch

spīritus, -ūs (m)	Hauch, Atem, Leben
spīrāre	hauchen, atmen
anima, -ae (f)	Atem, Leben
animam efflare	die Seele aushauchen, sterben
animus, -ī (m)	Seele, Geist; Mut

nāscī, nāscor, nātus sum	geboren werden, entstehen
orīrī, orior, ortus sum	entstehen, sich erheben
nobili genere ortus	von vornehmer Abkunft
exsistere, -sistō, -stitī	entstehen, auftreten
parere, pariō, peperī, partum	gebären, hervorbringen; erwerben
parentes	Eltern
gīgnere, gignō, genuī, genitum	erzeugen, hervorbringen
alere, alō, aluī, altum	ernähren, großziehen

somnus, -ī (m)	Schlaf
somnum capere non posse	nicht einschlafen können
somnium, -ī (n)	Traum
dormīre	schlafen
in lucem dormire	in den Tag hinein schlafen
edere, edō, ēdī, ēsum	essen
bibere, bibō, bibī	trinken
famēs, -is (f)	Hunger
famem tolerare	Hunger aushalten
sitis, -is (f)	Durst

Aufgepasst: Unterscheide ***parere, pārēre, parāre*** und ihre Stammformen:

parere, pariō, peperī, partum – gebären, hervorbringen
pārēre, pārēō, pāruī – gehorchen
parāre, parō, parāvī, parātum – (vor)bereiten

mors, mortis (f)	Tod
mortem obire	sterben
morī, morior, mortuus sum	sterben
mortuus, -a, -um	tot
mortālis, -e	sterblich, Subst.: Mensch
↔ **immortālis,** -e	↔ unsterblich, Subst. Pl.: Götter
perīre, -eō, -iī, -itum	untergehen, zugrunde gehen
interīre, -eō, -iī, -itum	zugrunde gehen, umkommen

fūnus, -eris (n)	Bestattung, Begräbnis
sepelīre, sepeliō, sepelīvī, sepultum	bestatten
sepulchrum, -ī (n)	Grab, Grabmal

Gesundheit und Krankheit

valēre	gesund sein, stark sein; Einfluss haben
valē!	bleib gesund!, lebe wohl!
salūs, -ūtis (f)	Gesundheit, Wohlergehen, Rettung
fugā salutem petere	sein Heil in der Flucht suchen
salvus, -a, -um	gesund
firmus, -a, -um	stark, kräftig
↔ **īnfirmus**	↔ schwach, kraftlos
incolumis, -e	unversehrt, unverletzt
Liberi salvi et incolumes redeunt.	*Die Kinder kehren gesund und wohlbehalten zurück.*

medicus, -ī (m)	Arzt
remedium, -iī (n)	Arznei, Heilmittel
morbus, -ī (m)	Krankheit
morbo laborare	krank sein
aegrōtāre	krank sein
dolor, -ōris (m)	Schmerz
magno dolore affectus	von tiefem Schmerz erfüllt
dolēre	Schmerzen empfinden; bedauern
dēficere, -ficiō, -fēcī, -fectum	abnehmen, schwinden, mangeln
Vires me deficiunt.	*Die Kräfte verlassen mich.*
aeger, -gra, -grum	krank; bekümmert
dēmēns, -ntis	wahnsinnig
vulnus, -eris (n)	Wunde

Erinnern und vergessen

memoria, -ae (f)	Gedächtnis, Erinnerung; Zeit
memoriā tenere	im Gedächtnis behalten
memoriae tradere	der Nachwelt überliefern

posterī, -ōrum (m, Pl.)	Nachkommen, Nachwelt
māiōrēs, -ōrum (m, Pl.)	Vorfahren
mos maiorum	die Sitte der Vorfahren
rēs gestae	Taten, Geschichte
antīquus, -a, -um	alt, altertümlich
antiquis temporibus	in früheren Zeiten
memorāre	erwähnen, sagen
meminisse (Perf.), meminī	sich erinnern an, denken an
Memento mori!	*Bedenke, dass du sterblich bist!*
memor, -oris (+ Gen.)	in Erinnerung an
memor iniuriae acceptae	im Bewusstsein des erlittenen Unrechts
↔ **immemor,** -oris (+ Gen.)	↔ vergessend, undankbar
oblīvīscī, oblīvīscor, oblītus sum (+ Gen.)	vergessen
trādere, -dō, -didī, -ditum	übergeben, überliefern
Socrates sapiens fuisse traditur.	*Es wird überliefert, dass Sokrates weise war.*
fertur, feruntur	es wird überliefert, man berichtet

Zeit und Zeitbegriffe

tempus, -oris (n)	Zeit, Zeitpunkt; Umstände
hoc tempore	zu dieser Zeit
O tempora, o mores!	*Welche Zeiten, welche Sitten!*
tempestās, -ātis (f)	Zeit(abschnitt); Sturm, (schlechtes) Wetter
aetās, -ātis (f)	Lebensalter; Zeitalter, Zeit
a prima aetate	von Jugend an
saeculum, -ī (n)	Zeitalter
spatium, -iī (n)	Zeitraum, Frist
annus, -ī (m)	Jahr
tot per annos	so viele Jahre lang
mēnsis, -is (m)	Monat
diēs, diēī (m / f)	Tag (m); Termin (f)
in diēs	von Tag zu Tag
cottīdiānus, -a, -um	täglich
nox, noctis (f)	Nacht
nocturnus, -a, -um	nächtlich
vesper, -erī (m)	Abend

hōra, -ae (f)	Stunde
horā septimā	zur siebten Stunde
vigilia, -ae (f)	Nachtwache, Wachposten
de tertia vigilia	zur Zeit der dritten Nachtwache

Aufgepasst: Präge dir folgende Redewendungen gut ein:
diem statuere / constituere – einen Termin festsetzen
die constituta – zum festgesetzten Termin
diem colloquio indicere – einen Termin für eine Unterredung ankündigen

novus, -a, -um	neu, ungewöhnlich
homo novus	Emporkömmling
recēns, -ntis	neu, frisch
↔ **vetus,** -eris	↔ alt
aeternus, -a, -um	ewig
aeternam gloriam consequi	unvergänglichen Ruhm erreichen
perpetuus, -a, -um	dauerhaft, ewig
in perpetuum	für immer
sērus, -a, -um	spät
mātūrus, -a, -um	(früh)zeitig, reif

praesēns, -entis	anwesend, gegenwärtig
futūrus, -a, -um	künftig, zukünftig
fore (= futurum esse)	künftig sein
prīstinus, -a, -um	früher
proximus, -a, -um	nächster
posterior, -ius (Komp.)	späterer, geringerer
postrēmus, -a, -um (Superl.)	letzter, geringster
superior, -ius	höherer, früherer
suprēmus, -a, -um / **summus,** -a, -um	höchster, letzter, oberster
ulterior, -ius	weiter, länger, jenseitig
ultimus, -a, -um	äußerster, entferntester, letzter

Schicksal und Glück

fātum, -ī (n)	Schicksal, Götterspruch
Fata obstant.	*Das Schicksal ist dagegen.*
sors, sortis (f)	Los, Schicksal

fortūna, -ae (f)	Glück, Schicksal
Fortes Fortuna adiuvat.	*Den Tapferen hilft das Glück (die Glücksgöttin).*
certus, -a, -um	bestimmt, sicher, zuverlässig
certiorem facere	benachrichtigen
↔ **incertus,** -a, -um	↔ unsicher, unzuverlässig
iūcundus, -a, -um	erfreulich, angenehm
grātus, -a, -um	dankbar, willkommen
↔ **ingratus,** -a, -um	↔ undankbar
secundus, -a, -um	günstig; folgend, der Zweite
res secundae	Glück
↔ **adversus,** -a, -um	↔ entgegengesetzt, unglücklich
res adversae	Unglück

cāsus, -ūs (m)	Fall, Zufall, Untergang
casu	zufällig
perniciēs, -ēī (f)	Verderben, Untergang
occāsiō, -ōnis (f)	Gelegenheit
condiciō, -ōnis (f)	Verabredung, Bedingung, Lage
ea condicione, ut / ne	unter der Bedingung, dass / dass nicht
facultās, -ātis (f)	Möglichkeit, Fähigkeit
facultas dicendi	Fähigkeit, eine Rede zu halten
potestās, -ātis (f)	Möglichkeit; Amtsgebrauch, Vollmacht
potestatem dare / facere	Gelegenheit geben
necessitās, -ātis (f)	Notwendigkeit, Zwang
necesse est	es ist notwendig, unausweichlich

beatus, -a, -um	glücklich, günstig
↔ **miser,** -era, -erum	↔ elend, unglücklich, arm
Heu me miserum!	*Ach, ich Armer!*
fēlīx, fēlīcis	glücklich, erfolgreich
feliciter evenire	gut ausgehen
opportūnus, -a, -um	günstig
aptus, -a, -um	passend, geeignet
idōneus, -a, -um	geeignet, passend
incertus, -a, -um	unsicher, unzuverlässig
ēvenīre, -veniō, -vēnī, -ventum	sich ereignen
accidere, -cidō, -cidī	geschehen, sich ereignen
accidit, ut (+ Konj.)	es geschieht, dass

THEMENWORTSCHATZ

3 Denken, fühlen, handeln

Wahrnehmen und erfahren

sentīre, sentiō, sēnsī, sēnsum	fühlen, wahrnehmen, empfinden; meinen
sēnsus, -ūs (m)	Wahrnehmung, Empfindung, Auffassung
audīre, audiō, audīvī, audītum	hören
Audiatur et altera pars.	*Es soll auch die andere Seite gehört werden.*
sonus, -ī (m)	Ton, Laut, Klang
vidēre, videō, vīdī, vīsum	sehen
tangere, tangō, tetigī, tāctum	berühren
Noli me tangere!	*Fass mich nicht an!*
attingere, attingō, attigī, attāctum	berühren
accipere, -cipiō, -cēpī, -ceptum	vernehmen, annehmen, empfangen
auribus accipere	hören
ut accepimus	wie uns überliefert ist

cernere, cernō, crēvī, crētum	sehen, wahrnehmen, erkennen
aspicere, aspiciō, aspēxī, aspectum	erblicken
aspectus, -ūs (m)	Anblick
perspicere, -spiciō, -spēxī, -spectum	durchschauen, erkennen
spectāre	betrachten, zuschauen
ludos spectare	die Spiele betrachten
vidērī, videor, vīsus sum	scheinen, gelten als
Gaius stultus esse videtur.	*Gaius scheint dumm zu sein.*
intuērī, intueor	anschauen, betrachten
observāre	beobachten, beachten
animadvertere, -vertō, -vertī, -versum	achtgeben, bemerken; bestrafen

nōscere, nōscō, nōvī, nōtum	kennenlernen, erkennen
cognōscere, -nōscō, -nōvī, -nitum	erkennen, kennenlernen
intellegere, intellegō, intellēxī, intellectum	bemerken, einsehen, verstehen
Intellexit urbem defendi non posse.	*Er sah ein, dass die Stadt nicht verteidigt werden konnte.*
comprehendere, -prehendō, -prehendī, -prehēnsum	begreifen; ergreifen
comperīre, -periō, -perī, -pertum	(genau) erfahren
agnōscere, -nōscō, -nōvī, -nitum	(wieder)erkennen, anerkennen

3

Denken und wissen

animus, -ī (m)	Geist, Seele, Mut
ratiō, -ōnis (f)	Grund, Vernunft; Art und Weise; Berechnung
hac ratione	auf diese Weise
mēns, mentis (f)	Verstand, Gedanke, Gesinnung
ingenium, -iī (n)	Begabung, Anlage
vir magni ingenii	ein Mann von großer Begabung
sapientia, -ae (f)	Weisheit, Einsicht
studium sapientiae	eifriges Bemühen um die Weisheit
sapiēns, -entis	weise, vernünftig
prudentia, -ae (f)	Klugheit
prudēns, -entis	klug
↔ **stultus,** -a, -um	↔ töricht, dumm

cōgitāre	beabsichtigen, denken
exilium cogitare	die Verbannung in Erwägung ziehen
dēliberāre	erwägen, überlegen, beschließen
cōnsiderāre	überlegen, bedenken
nōvisse (Perf.), nōvī	kennen, wissen
perītus, -a, -um (+ Gen.)	erfahren, kundig
peritus navigandi	erfahren im Segeln
peritus iuris	rechtskundig
↔ **imperītus,** -a, -um	↔ unerfahren, unkundig
callidus, -a, -um	schlau

scīre, sciō, scīvī, scītum	wissen
↔ **nescīre,** -sciō, -scīvī, -scītum	↔ nicht wissen, nicht kennen
scientia, -ae (f)	Wissen, Kenntnis
scientiā atque usu	in Theorie und Praxis
cōnscius, -a, -um	mitwissend, bewusst
īgnōrāre	nicht wissen
non ignorare	genau wissen
īgnōtus, -a, -um	unbekannt
↔ **nōtus,** -a, -um	↔ bekannt

Meinen, erwägen, beurteilen

putāre	glauben, meinen, halten für
magni putare	hoch schätzen
cēnsēre, cēnseō, cēnsuī, cēnsum	schätzen, meinen; für etwas stimmen
Ceterum censeo Carthaginem esse delendam.	*Im Übrigen bin ich der Meinung, dass Karthago zerstört werden muss.*
exīstimāre	schätzen, einschätzen, meinen
arbitrārī	glauben, meinen
opīnārī	glauben, meinen
sententia, -ae (f)	Meinung, Sinn
meā sententiā	meiner Meinung nach
opīniō, -ōnis (f)	Meinung, (guter) Ruf
praeter opinionem	wider Erwarten

dūcere, dūcō, dūxī, ductum	meinen, halten für; führen
Multi homines Socratem sapientem ducunt.	*Viele Menschen halten Sokrates für weise.*
habēre	glauben, meinen, halten für
Caesar magnus imperator habetur.	*Caesar gilt als bedeutender Feldherr.*
rērī, reor, ratus sum	meinen
sentīre, sentiō, sēnsī, sēnsum	meinen; wahrnehmen, fühlen
Brutus cum adversariis Caesaris sensit.	*Brutus stand auf der Seite der Gegner Caesars.*
crēdere, crēdō, crēdidī, crēditum	anvertrauen, glauben
incrēdibilis, -e	unglaublich
incredibile dictu	unglaublich zu sagen

dubitāre	zweifeln, Bedenken tragen; zögern
non dubito, quin	ich zweifle nicht, dass
dubius, -a, -um	zweifelhaft, bedenklich
sine dubio	ohne Zweifel
audēre, audeō, ausus sum	wagen
errāre	irren
Errare humanum est.	*Irren ist menschlich.*
fallere, fallō, fefellī	täuschen, hintergehen
dēcipere, -cipiō, -cēpī, -ceptum	täuschen
conicere, -iciō, -iēcī, -iectum	vermuten
suspīciō, -ōnis (f)	Verdacht, Vermutung
suspicārī	vermuten
cūnctārī	zögern
probāre	prüfen, beweisen

comparāre	vergleichen
cōnferre, cōnferō, contulī, collātum	vergleichen, zusammentragen
discrīmen, -inis (n)	Unterschied, Entscheidung
dēligere, -ligō, -lēgī, -lēctum	auswählen
ēligere, -ligō, -lēgī, -lēctum	auswählen
dispōnere, -pōnō, -posuī, -positum	verteilen, ordnen
interest	es ist ein Unterschied
differre, differō	verschieden sein, sich unterscheiden

similis, -e	ähnlich
veri similis	wahrscheinlich
↔ **dissimilis**	↔ unähnlich
pār, -is	ebenbürtig, gleich
pars, partis (f)	Teil, Seite
magnam partem	großenteils
maximam partem	größtenteils
omnis, -e	all, ganz, jeder; Pl.: alle
inter omnes constat	es ist allen bekannt
numerus, -ī (m)	Zahl, Menge
in numero habere	rechnen zu
numerāre	zählen, rechnen, bezahlen

Handeln und entscheiden

facere, faciō, fēcī, factum	tun, machen (zu), herstellen
Ciceronem consulem facere	Cicero zum Konsul machen
factum, -ī (n)	Handlung, Tat, Tatsache
agere, agō, ēgī, āctum	handeln, treiben, verhandeln
id agere, ut (+ Konj.)	darauf hinarbeiten, dass
age / agite	wohlan
agitāre	betreiben; überlegen
facinus, -oris (n)	Handlung, Untat
efficere, -ficiō, -fēcī, -fectum	herausbringen, bewirken
perficere, -ficiō, -fēcī, -fectum	ausführen, vollenden
opus perficere	ein Werk zu Ende führen

cōnsilium, -iī	Rat, Plan; Beratung; Beschluss
consilium capere	einen Beschluss fassen
cōnsulere, cōnsulō, cōnsuluī, cōnsultum	beraten, um Rat fragen; sorgen für
adhibēre	hinzuziehen, anwenden
in / ad consilium adhibere	zu Rate ziehen
statuere, statuō, statuī, statūtum	aufstellen; festsetzen, beschließen
cōnstituere, -stituō, -stituī, -stitūtum	aufstellen; festsetzen, beschließen
dēcernere, -cernō, -crēvī, -crētum	beschließen, festsetzen
placet, placuit	es gefällt, man beschließt
mihi placet	ich beschließe
Caesari placuit legatos mittere.	*Caesar beschloss, Gesandte zu schicken.*
vidētur, vīsum est	es scheint richtig, man beschließt
mihi videtur	ich beschließe

labor, -ōris (m)	Mühe, Arbeit
labōrāre	arbeiten, leiden
opus, -eris (n)	Werk, Arbeit
mihi opus est (+ Abl.)	ich habe nötig, ich muss
Multis rebus mihi opus est.	*Ich brauche vieles.*
opera, -ae (f)	Arbeit, Mühe
operam dare	sich Mühe geben
committere, -mittō, -mīsī, -missum	zustande bringen; anvertrauen
proelium committere	eine Schlacht beginnen

facilis, -e	leicht
↔ **difficilis,** -e	↔ schwierig
levāre	leichter machen, erleichtern
levis, -e	leicht, leichtsinnig
tollere, tollō, sustulī, sublātum	emporheben, aufheben; beseitigen
curas tollere	die Sorgen beseitigen
vertere, vertō, vertī, versum	drehen, wenden
hostem vertere	den Feind in die Flucht schlagen
volvere, volvō, volvī, volūtum	rollen, wälzen; überlegen
flectere, flectō, flēxī, flexum	biegen, (hin)lenken, umstimmen
Mentem meam flexit.	*Er hat mich umgestimmt.*

Aufgepasst: Merke dir die folgenden Wendungen mit ***consilium:***
consilium habere – beratschlagen
consilium inire / capere – einen Beschluss fassen
eo consilio, ut (+ Konj.) – in der Absicht, dass
Wenn das Verb ***consulere*** mit Akkusativ steht, bedeutet es „um Rat fragen", wenn es den Dativ bei sich hat, heißt es „sorgen für":
amicum (Akk.) **consulere** – den Freund um Rat fragen
amico (Dat.) **consulere** – für den Freund sorgen
Auch ***providere*** hat je nach Fall unterschiedliche Bedeutung:
res futuras (Akk.) **providere** – die Zukunft vorhersehen
rebus futuris (Dat.) **providere** – für die Zukunft sorgen

Veranlassen und verändern

movēre, moveō, mōvī, mōtum	bewegen, beeinflussen, verursachen
commovēre, -moveō, -mōvī, -mōtum	veranlassen
irā commotus	aus Zorn
permovēre, -moveō, -mōvī, -mōtum	beunruhigen, veranlassen
addūcere, -dūcō, -dūxī, -ductum	veranlassen
hac oratione adductus	durch diese Rede veranlasst
impellere, -pellō, -pulī, -pulsum	antreiben, veranlassen
auctor, -ōris (m)	Gewährsmann, Urheber
Caesare auctore	auf Caesars Veranlassung
auctōritās, -ātis (f)	Ermächtigung, Ansehen, Einfluss

mūtāre	ändern, wechseln
addere, -dō, -didī, -ditum	hinzufügen
augēre, augeō, auxī, auctum	vergrößern, vermehren
miscēre, misceō, miscuī, mixtum	mischen, verwirren
iungere, iungō, iūnxī, iūnctum	verbinden, vereinigen
coniungere, -iungō, -iūnxī, -iūnctum	verbinden, vereinigen
serere, serō, seruī, sertum	verknüpfen, verbinden
dīvidere, -vidō, -vīsī, -vīsum	teilen, trennen
compōnere, -pōnō, -posuī, -positum	zusammenstellen, ordnen; verfassen; vergleichen

incipere, incipiō, coepī, inceptum	anfangen, beginnen
inceptum, -ī (n)	Anfang, Beginn, Vorhaben
inīre, -eō, -iī, -itum	anfangen, beginnen
vere ineunte	zu Beginn des Frühlings
initium, -iī (n)	Anfang, Beginn; Eingang
ab initio	von Anfang an
dēsistere, -sistō, -stitī	ablassen, aufhören
consilio desistere	einen Plan aufgeben
dēpōnere, -pōnō, -posuī, -positum	niederlegen, aufgeben
arma deponere	die Waffen niederlegen
omittere, -mittō, -mīsī, -missum	loslassen, aufgeben
↔ **retinere,** -tineō, -tinuī, -tentum	↔ festhalten, behalten
differe, differō, distulī, dīlatum	aufschieben, verschieben

sinere, sinō, sīvī, situm	lassen, zulassen
↔ **desinere,** -sinō, -siī, -situm	↔ ablassen, aufhören
permittere, -mittō, -mīsī, -missum	erlauben, durchgehen lassen, überlassen
concēdere, -cēdō, -cessī, -cessum	zugestehen, erlauben
patī, patior, passus sum	leiden, zulassen
prohibēre	abhalten, hindern, verhindern
arcēre	fernhalten, abwehren, abhalten
impedīre	hindern, verhindern
abstinēre, -tineō, -tinuī, -tentum	fernhalten, sich enthalten
vetāre, vetō, vetuī, vetitum	verbieten, verhindern

trahere, trahō, trāxī, tractum	schleppen, ziehen
in suam sententiam trahere	für sich gewinnen
pōnere, pōnō, posuī, positum	setzen, stellen, legen
iacere, iaciō, iēcī, iactum	werfen, schleudern
iactāre	werfen, schleudern
frangere, frangō, frēgī, frāctum	brechen, zerbrechen
rumpere, rumpō, rūpī, ruptum	zerbrechen, zerreißen
vertere, vertō, vertī, versum	wälzen, rollen
volvere, volvō, volvī, volūtum	rollen, wälzen; überlegen

Aufgepasst: Präge dir folgende Redewendungen zu ***ponere*** gut ein:
- **arma ponere** – die Waffen niederlegen
- **castra ponere** – ein Lager aufschlagen
- **omnem spem ponere in** – seine ganze Hoffnung setzen auf
- **in dubio ponere** – in Zweifel ziehen

aperīre, aperiō, aperuī, apertum	öffnen, aufdecken
consilium aperire	einen Plan enthüllen
↔ **operīre,** operiō, operuī, opertum	↔ verhüllen, verschließen
spargere, spargō, sparsī, sparsum	ausstreuen, verbreiten; bespritzen
latēre, lateō, latuī	verborgen sein
claudere, claudō, clausī, clausum	schließen, abschließen, einsperren
reperīre, reperiō, repperī, repertum	wiederfinden, finden

Geben und nehmen

dare, dō, dedī, datum	geben
afficere, -ficiō, -fēcī, -fectum	versehen mit
praebēre	darreichen, gewähren
fortem se praebere	sich tapfer zeigen
dōnum, -ī (n)	Geschenk
dōnāre	schenken
tribuere, -buō, -buī, -būtum	schenken, zuteilen
attribuere, -tribuo, -tribui, -tributum	zuteilen, zuweisen, zuschreiben
abducere, -dūcō, -dūxī, -ductum	abbringen, wegführen

Aufgepasst: Übersetze ***afficere aliquem aliqua re*** – „jemanden mit etwas versehen“ freier und präge dir folgende Wendungen ein:

aliquem honoribus / laudibus afficere – jemanden ehren / loben
aliquem iniuria afficere – jemandem Unrecht tun
aliquem supplicio afficere – jemanden hinrichten
aliquem morte afficere – jemanden töten

capere, capiō, cēpī, captum	fassen, ergreifen
mente capere	verstehen
accipere, -cipiō, -cēpī, -ceptum	annehmen, empfangen
sūmere, sūmō, sūmpsī, sūmptum	nehmen, annehmen
recipere, -cipiō, -cēpī, -ceptum	aufnehmen, zurücknehmen; wiederbekommen
se recipere	sich zurückziehen
excipere, -cipiō, -cēpī, -ceptum	aufnehmen, herausnehmen
hospitio excipere	gastfreundlich aufnehmen
adipīscī, -ipīscor, -eptus sum	erreichen, erlangen, erringen
nancīscī, nancīscor, na(n)ctus sum	erreichen, bekommen
removēre, -moveō, -mōvī, -mōtum	wegschaffen, entfernen
auferre, auferō, abstulī, ablātum	wegtragen, wegnehmen
corripere, -ripiō, -ripuī, -reptum	ergreifen, gewaltsam an sich reißen

reddere, reddō, reddidī, redditum	zurückgeben, etwas zukommen lassen; machen zu
ius reddere	Recht sprechen
mandāre	übergeben, anvertrauen, beauftragen
memoriae mandare	der Nachwelt überliefern
fugae se mandare	fliehen
mandātum, -ī (n)	Auftrag, Befehl
dēpōnere, -pōnō, -posuī, -positum	ablegen, in Verwahrung geben
arma deponere	die Waffen strecken
addere, -dō, -didī, -ditum	hinzufügen
malum malo addere	ein Übel verschlimmern

Nützen und schaden

auxilium, -iī (n)	Hilfe
auxilio venire	zu Hilfe kommen
salūs, salūtis (f)	Wohlergehen, Rettung
fugā salutem petere	sein Heil in der Flucht suchen
(ad)iuvāre, iuvō, iūvī, iūtum (+ Akk.)	helfen, unterstützen
amicum adiuvare	dem Freund helfen
adesse, adsum, adfuī (+ Dat.)	da sein, dabei sein; beistehen, helfen
amico adesse	dem Freund helfen
subvenīre, -veniō, -vēnī, -ventum	zu Hilfe kommen
(cōn)servāre	bewahren, retten
curāre (+ Akk.)	sorgen (für), pflegen
Parentes liberos curant.	*Die Eltern sorgen für die Kinder.*
tuērī, tueor, tutātus sum	schützen, bewahren
(pro)tegere, tegō, tēxī, tēctum	bedecken, schützen
ūsus, -ūs (m)	Nutzen, Benutzung
ūtī, ūtor, ūsus sum (+ Abl.)	nützen, gebrauchen
exemplo uti	ein Beispiel anführen
ūtilis, -e	nützlich
prōdesse, prōsum, prōfuī	nützen
commodum, -ī (n)	Vorteil, Nutzen
arcēre	fernhalten, abwehren
coercēre	zusammenhalten, zügeln
abstinēre, -tineō, -tinuī, -tentum	sich enthalten, fernhalten
vino abstinere	keinen Wein trinken
damnum, -ī (n)	Schaden, Nachteil
Id tibi damnum est.	*Das schadet dir.*
nocēre	schaden
obesse, -sum, -fuī	hinderlich sein, schaden
obstāre, -stō, -stitī	entgegenstehen, hinderlich sein
dēserere, dēserō, dēseruī, dēsertum	im Stich lassen
corrumpere, -rumpō, -rūpī, -ruptum	verderben
dolus, -ī (m)	List
fraus, fraudis (f)	Betrug

Wollen, streben, hoffen

voluntās, -ātis (f)	Wille, Absicht, Zustimmung
voluntate	freiwillig
velle, vōlō, voluī	wollen
Quid scire vultis de urbe Roma?	*Was wollt ihr über Rom wissen?*
nōlle, nōlō, nōluī	nicht wollen
mālle, mālō, māluī	lieber wollen
sponte	von selbst, absichtlich
Sua sponte auxilium a patre petivit.	*Aus eigenem Antrieb bat er seinen Vater um Hilfe.*
invītus, -a, -um	unwillig, ungern
me invito	gegen meinen Willen
↔ **libenter**	↔ gern
aegre (Adv.)	ungern, mit Mühe

libet, libuit / libitum est	es beliebt, gefällt
Semper fecimus, quod libuit.	*Wir haben immer getan, was uns gefiel.*
studium, -iī (n)	Eifer, Vorliebe; Beschäftigung
studium discendi	Lerneifer
industria, -ae (f)	Betriebsamkeit, Eifer, Fleiß
studēre (m. Dat.)	sich bemühen um, streben nach
litteris studere	sich wissenschaftlich betätigen
petere, petō, petīvī, petītum	erstreben, bitten, verlangen; aufsuchen
appetere, -petō, -petīvī, -petītum	erstreben; angreifen
tendere, tendō, tetendī, tentum	sich anstrengen; spannen, (aus) strecken
contendere, -tendō, -tendī, -tentum	sich anstrengen; eilen; kämpfen; behaupten
id contendere, ut (+ Konj.)	sich darum bemühen, dass
vitāre	meiden, aus dem Weg gehen

Aufgepasst: Präge dir folgende Redewendungen zu ***petere*** ein:
- **gloriam petere** – nach Ruhm streben
- **pacem petere** – um Frieden bitten
- **hostes petere** – die Feinde angreifen
- **oppidum petere** – eine Stadt aufsuchen
- **fugā salutem petere** – sein Heil in der Flucht suchen

cupiditās, -ātis (f)	Begierde, Leidenschaft
cupiditate regni adductus	durch die Begierde nach Herrschaft veranlasst
cupidus, -a, -um (+ Gen.)	begierig (nach)
gloriae cupidus	begierig nach Ruhm
cupere, cupiō, cupīvī, cupītum	wünschen, begehren
optāre	wünschen
postulāre	fordern, verlangen
Postulavit, ut legati mitterentur.	*Er forderte, dass Gesandte geschickt würden.*
poscere, poscō, poposcī	fordern, verlangen
impōnere, -posuī, -positum	auferlegen, verlangen
repetere, -petō, -petīvī, -petītum	(zurück)verlangen, wiederholen

spēs, speī (f)	Hoffnung
spērāre	hoffen, erhoffen
salutem / de salute sperare	auf Rettung hoffen
↔ **dēspērāre**	↔ verzweifeln
de salute desperare	die Hoffnung auf Rettung aufgeben
exspectāre	warten, erwarten
experīrī, -perior, -pertus sum	erfahren, versuchen
omnia experiri	nichts unversucht lassen
Expertus dico.	*Ich spreche aus Erfahrung.*
cōnārī	versuchen

Positives empfinden und tun

gaudēre, gaudeō, gāvīsus sum	sich freuen
gaudium, -iī (n)	Freude
laetārī	sich freuen
laetitia, -ae (f)	Freude
laetus, -a, -um	fröhlich, froh
rīdēre, rīdeō, rīsī, rīsum	lachen
dēlectāre	erfreuen, Freude bereiten
iuvat (me), iūvit	es erfreut (mich), macht Spaß; nützt
Quid iuvat scire futurum?	*Was nützt es, die Zukunft zu kennen?*

sōlācium, -iī (n)	Trost
placāre	beruhigen, versöhnen
placidus, -a, -um	friedlich, ruhig, sanft
misericordia, -ae (f)	Mitleid
misericordiam magnam habere	großes Mitleid verdienen
miserērī, misereor, miseritus sum (+ Gen.)	sich erbarmen
misereri pauperum	sich der Armen erbarmen
īgnōscere, -noscō, -nōvī, -nōtum	verzeihen
parcere, parcō, pepercī (+ Dat.)	schonen; sparen
hostibus victis parcere	den besiegten Feind schonen

cura, -ae (f)	Sorge, Pflege
curis liberatus	von Sorgen befreit
cūrāre (+ Akk.)	sorgen für, besorgen, pflegen
cōnsulere, -sulō, -suluī, -sultum (+ Dat.)	sorgen für
saluti civium consulere	für das Wohl der Bürger sorgen
prōvidēre, -videō, -vīdī, -vīsum (+ Dat.)	sorgen für
cavēre, caveō, cāvī, cautum	sich hüten, Vorsorge treffen
Cave periculum!	*Hüte dich vor der Gefahr!*
dīligentia, -ae (f)	Sorgfalt, Gewissenhaftigkeit
diligentiam adhibere in	Sorgfalt anwenden bei
dīligēns, -entis	sorgfältig, genau

excitāre	erregen, ermuntern, aufwecken
(ad)mirārī	sich wundern, bewundern
admīrātiō, -ōnis (f)	Bewunderung, Verwunderung
mīrus, -a, -um	wunderbar, sonderbar
venerārī	verehren, anbeten
amāre	lieben
amor, -ōris (m)	Liebe
amor liberorum	die Liebe zu den Kindern
dīligere, -ligō, -lēxī, -lēctum	hoch achten, lieben
voluptās, -ātis (f)	Vergnügen, Lust
placēre, placeō, placuī, placitum	gefallen; beschließen
(mihi) placet	es gefällt (mir); (ich) beschließe
cārus, -a, -um	lieb, teuer

Negatives empfinden und tun

(dē)flēre, fleō, flēvī, flētum	weinen
lacrima, -ae (f)	Träne
multis cum lacrimis	unter vielen Tränen
maestus, -a, -um	traurig
dolēre	Schmerz empfinden, bedauern
dolor, -ōris	Schmerz, Bedauern
magno dolore affectus	von tiefem Schmerz erfüllt
trīstis, -e	traurig
miserārī	beklagen
Fortunam suam miseratur.	*Er beklagt sein Schicksal.*
querī, queror, questus sum	klagen, beklagen
patī, patior, passus sum	leiden; zulassen
lūctus, -ūs (m)	Trauer
dēsīderāre	sich sehnen nach, vermissen
Amicum desidero.	*Ich sehne mich nach dem Freund.*

timor, -ōris (m)	Angst, Furcht
timēre	Angst haben, fürchten
Cicero de re publica valde timuit.	*Cicero sorgte sich sehr um den Staat.*
timidus, -a, -um	ängstlich
metuere, metuō, metuī	(sich) fürchten
Oderint, dum metuant.	*Sollen sie (mich) hassen, solange sie (mich) fürchten.*
metus, -ūs (m)	Angst
metus mortis	Angst vor dem Tod
terrēre	erschrecken
perterrēre	einschüchtern, sehr erschrecken
terror, -ōris (m)	Schrecken, Angst
terribilis, -e	schrecklich, furchterregend

sollicitāre	aufregen, beunruhigen, aufhetzen
sollicitūdō, -inis (f)	Unruhe, Kummer, Sorge
lacessere, lacessō, lacessīvī, lacessītum	reizen
turbāre	verwirren, durcheinanderbringen
perturbāre	in Verwirrung bringen
verērī, vereor, veritus sum	sich scheuen, fürchten

pudet (me), puduit (+ Gen.)	ich schäme mich
paenitet (me), paenituit (+ Gen.)	es reut mich (etwas)
Me meorum factorum paenitet.	*Ich bereue meine Taten.*

Aufgepasst: Verben des Fürchtens und Hinderns
Nach *metuere, timere, vereri, cavere* und *periculum est* heißt *ne* + Konj. „dass" und *ne non / ut* + Konj. „dass nicht":

Timeo, ne aegrotus sis. – Ich fürchte, dass du krank bist.
Cave, ne cadas! – (Hüte dich zu fallen.) Fall nicht hin!
Vereor, ne non / ut labores sustineas. – Ich fürchte, dass du die Mühen nicht aushältst.

odium, -iī (n)	Hass
odium generis humani	Hass gegen die Menschheit
ōdisse, ōdī	hassen
odio esse	verhasst sein
Mihi odio est.	*Er ist mir verhasst.*
invidēre, -videō, -vīdī, -vīsum (+ Dat.)	beneiden
Tibi invideo.	*Ich beneide dich.*
invidia, -ae (f)	Neid, Hass
invīsus, -a, -um	verhasst
Catilina multis Romanis invisus est.	*Catilina ist vielen Römern verhasst.*

īra, -ae (f)	Zorn, Wut
irā incensus	wutentbrannt
furor, -ōris (m)	Wahnsinn, Wut
īrāscī, īrāscor	zürnen, zornig sein
īrātus, -a, -um	zornig, wütend
saevus, -a, -um	wild, wütend
neglegere, neglegō, neglēxī, neglēctum	vernachlässigen
iniurias non neglegere	über Ungerechtigkeiten nicht hinwegsehen
spernere, spernō, sprēvī, sprētum	verschmähen, verachten
repellere, repellō, reppulī, repulsum	zurückstoßen, abweisen; vertreiben
laedere, laedō, laesī, laesum	verletzen, kränken
fidem laedere	sein Wort brechen

Ankommen und fortgehen

vādere, vādō, vāsī, vāsum	gehen, schreiten
Quo vadis?	*Wohin gehst du?*
īre, eō, iī, itum	gehen
proficiscī, -ficiscor, -fectus sum	aufbrechen, reisen, marschieren
sē cōnferre, cōnfert, contulit	sich begeben
inīre, -eō, -iī, -itum	hineingehen; beginnen
convivium inire	ein Festmahl besuchen
intrāre	betreten
advenīre, -veniō, -vēnī, -ventum	ankommen, herankommen
in urbem (Akk.!) advenire	in Rom ankommen
subīre, -eō, -iī, -itum	herangehen an
invādere, -vādō, -vāsī, -vāsum	eindringen, angreifen
incēdere, -cēdō, -cessī, -cessum	einhergehen, schreiten
adventus, -ūs (m)	Ankunft
reditus, -ūs (m)	Rückkehr
redīre, -eō, -iī, -itum	zurückkehren
revertī, revertor, revertī	zurückkehren
Ex Asia revertor.	*Ich kehre aus Asien zurück.* (Präs.)
Ex Asia reverti.	*Ich bin aus Asien zurückgekehrt.* (Perf.)
accēdere, -cēdō, -cessī, -cessum	herantreten, hinzukommen
huc accessit, ut	dazu kam, dass
appropinquāre	sich nähern
adīre, -eō, -iī, -itum	herangehen an, aufsuchen
senatum adire	sich an den Senat wenden
aditus, -ūs (m)	Zugang
pervenīre, -veniō, -vēnī, -ventum	hinkommen, gelangen
Caesar ad Genavam pervenit.	*Caesar kam in Genf an.*
exīre, -eō, -iī, -itum	herausgehen, ausrücken
abīre, -eō, -iī, -itum	weggehen
discēdere, -cēdō, -cessī, -cessum	weggehen, sich zerstreuen
relinquere, -linquō, -līquī, -lictum	verlassen, zurücklassen
copias praesidio relinquere	Truppen zum Schutz zurücklassen
ēgredī, -gredior, -gressus sum	herausgehen, verlassen
cēdere, cēdō, cessī, cessum	gehen, weichen
loco cedere	von der Stelle weichen

Aufgepasst: Verwechsle nicht die Verben ***cadere, caedere*** und ***cedere*** miteinander:
Sol cadit. – Die Sonne geht unter.
Arborem caedit. – Er fällt einen Baum.
Loco cedit. – Er weicht von der Stelle.

concēdere, -cēdō, -cessī, -cessum	weichen, nachgeben; zugeben, zulassen, erlauben
excēdere, -cēdō, -cessī, -cessum	hinausgehen, herausgehen
decēdere, -cēdō, -cessī, -cessum	weggehen, vergehen
de vita decedere	sterben
obīre, -eō, -iī, -itum	entgegengehen; besuchen
mortem obire	sterben
obviam īre, -eō, -iī, -itum	entgegentreten

Bewegung und Ruhe

ascendere, -scendō, -scendī, -scēnsum	hinaufsteigen
↔ **dēscendere,** -scendō, -scendī, -scēnsum	↔ herabsteigen
cōnscendere, -scendō, -scendī, -scēnsum	besteigen, einsteigen
trānsīre, -eō, -iī, -itum	hinübergehen, überschreiten
trānsgredī, -gredior, -gressus sum	überschreiten
Alpibus transgressis	nach Überquerung der Alpen
trādūcere, -dūcō, -dūxī, -ductum	hinüberführen

venīre, veniō, vēnī, ventum	kommen
convenīre, -veniō, -vēnī, -ventum	zusammenkommen
in forum (Akk.!) convenire	auf dem Forum zusammenkommen
lābī, lābor, lāpsus sum	gleiten, sinken, herabfallen
iacēre, iaceō, iacuī	liegen, daliegen
cubāre	liegen, ruhen
prōcumbere, -cumbō, -cubuī, -cubitum	sich niederwerfen

currere, currō, cucurrī, cursum	laufen, rennen
per mare currere	übers Meer segeln
succurrere, -currō, -currī, -cursum	zu Hilfe eilen
percurrere, -currō, -currī, -cursum	durcheilen
cursus, -ūs (m)	Lauf, Kurs
vehī, vehor, vectus sum	fahren
contendere, -tendō, -tendī, -tentum	eilen; sich anstrengen, kämpfen, behaupten
Contendo hoc facere.	*Ich beeile mich, das zu tun.*
properāre	eilen, sich beeilen
advolāre	herbeifliegen, herbeieilen

ferrī, feror, lātus sum	stürzen, eilen
festīnāre	sich beeilen, eilen
properāre	eilen, sich beeilen
volāre	fliegen, eilen
Horae volant.	*Die Stunden vergehen im Flug.*
praecipitāre	(sich) kopfüber hinabstürzen
praeceps, -ipitis	kopfüber; steil
ruere, ruō, ruī, rutum	stürzen, eilen
cadere, cadō, cecidī, cāsum	fallen, stürzen
in servitutem cadere	in Knechtschaft geraten
concidere, -cidō, -cidī	fallen, einstürzen
incidere, -cidō, -cidī	hineinfallen
in morbum incidere	krank werden

celer, -is, -e	schnell, rasch
vēlōx, -ōcis	schnell
↔ **tardus,** -a, -um	↔ langsam
celeritās, -ātis (f)	Schnelligkeit
occurrere, -currō, -currī, -cursum	entgegeneilen, begegnen
concurrere, -currō, -currī, -cursum	zusammenlaufen, zusammenstoßen
sequī, sequor, secūtus sum (+ Akk.)	folgen
sequitur, ut	daraus ergibt sich, dass
amicum sequi	dem Freund folgen
cōnsequī, -sequor, -secūtus sum	nachfolgen, einholen
laudem consequi	Lob ernten

assequī, -sequor, -secūtus sum	einholen, erreichen
īnsequī, -sequor, -secūtus sum	unmittelbar folgen
persequī, -sequor, -secūtus sum	verfolgen

pergere, pergō, perrēxī, perrēctum	vorrücken; fortsetzen
Pergo dicere.	*Ich fahre fort zu sprechen.*
prōgredī, -gredior, -gressus sum	weitergehen; Fortschritte machen
prōcēdere, -cēdō, -cessī, -cessum	vorankommen, vorrücken
succcēdere, -cēdō, -cessī, -cessum	nachrücken, nachfolgen; gelingen
subsequī, -sequor, -secūtus sum	unmittelbar nachfolgen
comitārī	begleiten
vagārī	umherschweifen
surgere, surgō, surrēxī, surrēctum	aufstehen, sich erheben

versārī, versor, versus sum	sich aufhalten, sich bewegen in
in re publica versari	sich politisch betätigen
in periculis versari	in Gefahr schweben
morārī, moror, morātus sum	sich aufhalten
mora, -ae (f)	Aufschub, Aufenthalt, Verzögerung
nulla mora interposita	unverzüglich
haerēre, haereō, haesī, haesum	hängen bleiben, haften
in equo haerere	fest im Sattel sitzen
Aliquid semper haeret.	*Irgendetwas bleibt immer hängen.*
pendēre, pendeō, pependī	hängen
Fortuna belli pendet.	*Der Ausgang des Krieges ist ungewiss.*

cōnsīdere, -sīdō, -sēdī, -sessum	sich setzen, sich niederlassen
eodem in loco considere	sich am selben Ort niederlassen
sedēre, sedeō, sēdī, sessum	sitzen
domi sedere	untätig sein
sistere, sistō, stitī	hinstellen, sich stellen, bleiben
cōnsistere, -sistō, -stitī	sich hinstellen, haltmachen
sub monte consistere	am Fuß des Berges haltmachen
In concordia civium salus rei publicae consistit.	*Auf der Eintracht der Bürger beruht das Wohl des Staates.*
stāre, stō, stetī, statum	stehen

THEMENWORTSCHATZ

4 Kultur und Zivilisation

Haus und Wohnen

habitāre	wohnen, bewohnen
tēctum, -ī (n)	Haus; Dach
sēdēs, -is (f)	Sitz; Wohnsitz
fenestra, -ae (f)	Fenster
paries, -etis (m)	Wand
lectus, -ī (m)	Bett, Liege
mēnsa, -ae (f)	Tisch, Essen
fax, facis (f)	Kienspan, Fackel
cēnāre	(zu Mittag) speisen, verzehren
cēna, -ae (f)	(Mittags-)Mahlzeit
ad cenam invitare	zum Essen einladen
cibus, -ī (m)	Speise

induere, -duō, -duī, -dūtum	anziehen, anlegen, bekleiden
cingere, cingō, cinxī, cinctum	gürten, umgeben; umzingeln
ōrnāre	schmücken
vestis, -is (f)	Kleidung, Kleider
vestem mutare	sich umziehen
nūdus, -a, -um	nackt, bloß
toga, -ae (f)	Toga, Mantel, Obergewand
tunica, -ae (f)	(wollenes) Unterkleid
sinus, -ūs (m)	Bausch (der Toga); Bogen

Landwirtschaft und Landleben

ager, agrī (m)	Feld, Acker; Gebiet
colere, colō, coluī, cultum	(Land) bebauen; pflegen
agricola, -ae (f)	Bauer
rūsticus, -a, -um	ländlich, Subst.: Bauer
agrestis, -e	ländlich, einfach, bäurisch
frūctus, -ūs (m)	Frucht, Ertrag
frūmentum, -ī (n)	Getreide
frūmentārius, -a, -um	Getreide-

carpere, carpō, carpsī, carptum	(ab)pflücken
pāscere, pāscō, pāvī, pāstum	weiden, füttern, nähren
pāstor, -ōris (m)	Hirte
grex, gregis (m)	Herde
gregem facere	sich versammeln
pecus, -oris (n)	Vieh (Schafe, Ziegen usw.)
pecus, -udis (f)	(Stück) Vieh
pecudes pascere	seine Tiere weiden
vēnārī	jagen

humus, -ī (m)	Erdboden
humī	auf dem Boden
serere, serō, sēvī, satum	säen, pflanzen
īnserere, -serō, -sēvī, -satum	einpflanzen
frūgēs, -um (f)	Ackerfrüchte, Getreide
vīnum, -ī (n)	Wein
hortus, -ī (m)	Garten
vīlla, -ae (f)	Landhaus
rūs, rūris (n)	Land, Landgut, Feld
vīcus, -ī (m)	Dorf, Gehöft
vīcīnus, -ī (m)	Nachbar

Aufgepasst: Beachte folgende Wendungen mit ***rus:***
ruri vivere – auf dem Land leben
rure venire – vom Land kommen
rus ire – aufs Land gehen

Stadt und Bauen

urbs, urbis (f)	große Stadt (meist Rom)
Quid novi in urbe?	*Was gibt es Neues in Rom?*
moenia, -ium (n)	Stadtmauern
oppidum, -ī (n)	Stadt, Festung
oppidānus, -ī (m)	Städter
urbānus, -a, -um	städtisch; gebildet
condere, -dō, -didī, -ditum	gründen; verwahren, bestatten
ab urbe condita	seit Gründung der Stadt (Rom)
colōnia, -ae (f)	Siedlung, Kolonie
incola, -ae (m)	Einwohner
incolere, -colō, -coluī, -cultum	wohnen, bewohnen

mūrus, -ī (m)	Mauer
porta, -ae (f)	Tor
arx, arcis (f)	Burg; Berggipfel
domus, -ūs (f)	Haus
belli domique	in Krieg und Frieden
aedificium, -ī (n)	Gebäude
aedis, -is (f, Sg.)	Tempel
aedēs, -ium (f, Pl.)	Haus
īnsula, -ae (f)	Mietshaus; Insel
casa, -ae (f)	Hütte

Aufgepasst: Beachte folgende Formen von ***domus:***
domo abire – von zu Hause weggehen
domum redire – nach Hause zurückkehren
domi esse – zu Hause sein

4

īnstrūmentum, -ī (n)	Gerät, Werkzeug
aedificāre	bauen, erbauen
munīre	befestigen, sichern
cōnstruere, -struō, -strūxī, -strūctum	aufschichten, errichten
exstruere, -struō, -strūxī, -strūctum	erbauen, errichten
reficere, -ficiō, -fēcī, -fectum	wiederherstellen
renovāre	erneuern; erfrischen

Handel und Transport

cōnstāre	kosten; feststehen
magno constare	viel kosten
emere, emō, emī, emptum	kaufen
solvere, solvō, solvī, solūtum	zahlen; lösen, befreien
condūcere, -dūcō, -dūxī, ductum	mieten; zusammenziehen
cōnsūmere, -sūmō, -sūmpsī, -sūmptum	verwenden, verbrauchen
vēndere, vēndō, vendidī, venditum	verkaufen
vēnīre, vēneō, vēniī	verkauft werden
Captivi veneunt servi.	*Die Gefangenen werden als Sklaven verkauft.*

cārus, -a, -um	teuer; lieb, wertvoll
↔ **vīlis,** -e	↔ billig, wertlos
pendere, pendō, pependī, pēnsum	abwägen, zahlen
prētium, -ī (n)	Preis
sūmptus, -ūs (m)	Kosten, Aufwand
suo sumpto	auf eigene Kosten
commercium, -ī (m)	Handel, Verkehr, Umgang
mercātor, -ōris (m)	Kaufmann
merx, mercis (f)	Ware
obvius, -a, -um	entgegenkommend

nāvis, -is (f)	Schiff
navem solvere	in See stechen
nāvigium, -ī (n)	Schiff
nāvigāre	segeln, befahren
nauta, -ae (m)	Seemann; Schiffsherr
vēlum, -ī (n)	Segel
vela dare	Segel setzen
portus, -ūs (m)	Hafen
cursus, -ūs (m)	Lauf
via, -ae (f)	Weg, Straße
currus, -ūs (m)	Wagen
carrus, -ī (m)	Karren
commeātus, -ūs (m)	Verkehr, Transport; Gepäck
turris, -is (f)	Turm
pōns, pontis (m)	Brücke

portāre	tragen, bringen
reportāre	wegbringen, fortschaffen
gubernāre	steuern, lenken
ferre, ferō, tulī, lātum	tragen, bringen
afferre, afferō, attulī, allātum	heranbringen, zufügen
auferre, auferō, abstulī, ablātum	wegtragen
se auferre	sich entfernen, verschwinden
dēferre, -ferō, -tulī, -lātum	überbringen, übertragen
īnferre, inferō, intulī, illātum	hineintragen
vim inferre	Gewalt antun
trānsferre, -ferō, -tulī, -lātum	hinübertragen, verlegen
Copias in Galliam transtulerunt.	*Sie verlegten Truppen nach Gallien.*

iter, itineris (n)	Weg, Marsch, Reise
iter facere	eine Reise machen
proficīscī, -ficīscor, -fectus sum	reisen, marschieren
vehī, vehor, vectus sum	fahren
equo vehi	reiten
trādūcere, -dūcō, -dūxī, -ductum	hinüberführen
redūcere, -dūcō, -dūxī, -ductum	zurückführen, hinbringen
trāicere, -iciō, -iēcī, -iectum	übersetzen; durchstoßen
copias flumen traicere	Truppen über den Fluss transportieren
trānsīre, -eō, -iī, -itum	hinüber-, vorübergehen
trānsmittere, -mittō, -mīsī, -missum	hinübersenden, überschreiten

Besitz und Vermögen

rēs, reī (f)	Sache, Ding; Ereignis
res familiaris	Vermögen
bona, -ōrum (n)	Hab und Gut, Vermögen
dīvitiae, -ārum (f)	Reichtum, Schätze
divitias habere	reich sein
↔ **paupertās,** -ātis (f)	↔ Armut
cōpia, -ae (f)	Vorrat, Menge, Pl.: Truppen
copia frumenti	eine Menge Getreide
↔ **inopia,** -ae (f)	↔ Mangel, Armut, Not
opēs, -um (f)	Reichtum, Macht, Truppen
opibus valere	reich sein, mächtig sein
dīves, -itis	reich
↔ **pauper,** -eris	↔ arm

habēre, habeō, habuī, habitum	haben, halten, besitzen
rem habere	ein Vermögen besitzen
esse, sum, fuī, futūrus (+ Dat.)	gehören
Mihi equus est.	*Mir gehört ein Pferd.*
magni esse	viel wert sein
parāre	erwerben; vorbereiten
auxilia parare	Hilfstruppen aufbringen
parere, pariō, peperī, partum	erwerben; hervorbringen
tenēre, teneō, tenuī, tentum	festhalten, besitzen
Magnum gaudium me tenet.	*Große Freude erfüllt mich.*

obtinēre, -tineō, -tinuī, -tentum	festhalten, besitzen, (eine Stellung) behaupten
imperium obtinere	die Herrschaft innehaben
possessiō, -ōnis (f)	Besitz; Grundstück
possīdere, -sīdō, -sēdī, -sessum	besitzen, in Besitz haben
continēre, -tineō, -tinuī, -tentum	festhalten; umfassen
montibus contineri	von Bergen umschlossen sein
retinēre, -tineō, -tinuī, -tentum	zurückhalten, im Besitz behalten
lacrimas retinere	die Tränen zurückhalten

pecūnia, -ae (f)	Geld
pecuniā abundare	viel Geld haben
argentum, -ī (n)	Geld, Silber
aes, aeris (n)	Geld
aes alienum	Schulden
complēre, -pleō, -plēvī, -plētum	anfüllen
abundāre	überströmen, Überfluss haben
divitiis abundare	Geld im Überfluss haben
redundāre	überströmen, im Überfluss vorhanden sein
suppetere, -petō, -petīvī, -petītum	reichlich vorhanden sein
plēnus, -a, -um (+ Gen.)	voll
plenus timoris	voller Angst
↔ **vacuus,** -a, -um	↔ leer
vacuus timore	furchtlos
vacāre	leer sein
culpa vacare	frei von Schuld sein

carēre, careō, caruī (+ Abl.)	frei sein, nicht haben
doloribus carere	keine Schmerzen haben
perdere, -dō, -didī, -ditum	verlieren, zugrunde richten
tempus perdere	Zeit verlieren
amittere, -mittō, -misī, -missum	verlieren
egestās, -ātis (f)	Mangel, Armut
vitam in egestate degere	sein Leben in Armut verbringen
egēre, egeō, eguī (+ Abl.)	nötig haben, bedürfen
Pane egemus!	*Wir brauchen Brot!*
dēesse, -sum, -fuī	fehlen, abwesend sein
Naves nobis desunt.	*Uns fehlen Schiffe.*
dēficere, -ficiō, -fēcī, -fectum	ausgehen, fehlen, mangeln

Aufgepasst: Merke dir folgende Wendungen zu ***deficere:***

Pecunia me deficit. – Mir geht das Geld aus.
Tempus eum deficit. – Er hat keine Zeit.
Milites animo deficiunt. – Die Soldaten verlieren den Mut.
Socii a Romanis deficiunt. – Die Bundesgenossen fallen von den Römern ab.
Sol deficit. – Die Sonne verfinstert sich.

necessitās, -ātis (f)	Notwendigkeit
necesse est	es ist nötig, es ist unausweichlich
Discere necesse est!	*Lernen ist notwendig!*
necessārius, -a, -um	notwendig, nötig
res ad vitam necessariae	lebensnotwendige Dinge
opus est (+ Abl.)	es ist nötig, man braucht
Me aquā opus est.	*Ich brauche Wasser.*
oportet, oportuit	es ist nötig, es gehört sich
Hoc fieri oportet.	*Es gehört sich, dass dies geschieht.*
angustiae, -ārum (f, Pl.)	Schwierigkeit; Engpass
angustiae pecuniae	Geldmangel
expers, -rtis	ohne Anteil, frei von
expers curarum	frei von Sorgen

Bildung und Erziehung

hūmānitas, -ātis (f)	Menschlichkeit, Bildung
cultus, -ūs (m)	Bildung; Pflege, Verehrung; Lebensweise
cultus atque humanitas	Kultur, Zivilisation
disciplīna, -ae (f)	Unterricht, Bildung, Erziehung
doctrīna, -ae (f)	Wissenschaft, Unterricht
cultūra, -ae (f)	Ausbildung, Bearbeitung
docēre, doceō, docuī, doctum	unterrichten, lehren
amicum linguam Graecam docere	dem Freund Griechisch beibringen
īnstruere, -struō, -strūxī, -strūctum	unterrichten, unterweisen
ērudīre, ērudiō, ērudīvī, ērudītum	unterrichten
eruditus	gebildet
ēducāre	erziehen

doctus, -a, -um	gelehrt, gebildet
↔ **incultus,** -a, -um	↔ ungebildet, ungepflegt
hūmānus, -a, -um	gebildet, menschlich
↔ **inhūmānus,** -a, -um	↔ ungebildet, unmenschlich
praeceptum, -ī (n)	Lehre, Vorschrift
praescrībere, -scrībō, -scrīpsī, -scrīptum	vorschreiben
praecipere, -cipiō, -cēpī, -ceptum	vorschreiben, lehren; vorwegnehmen
dēmōnstrāre	beweisen, nachweisen
discere, discō, didicī	lernen
exemplum, -ī (n)	Beispiel
aliis exemplo esse	anderen als Beispiel dienen

lūdus, -ī (m)	Schule; Spiel
ludos facere	Spiele veranstalten
magister, -trī (m)	Lehrer
discipulus, -ī (m)	Schüler
littera, -ae (f, Sg.)	Buchstabe
litterae, -ārum (f, Pl.)	Brief, Literatur; Wissenschaft
litteras dare ad amicum	dem Freund einen Brief schreiben
epistula, -ae (f)	Brief
liber, -brī (m)	Buch
librum componere	ein Buch verfassen
scrībere, scrībō, scrīpsī, scrīptum	schreiben

Aufgepasst: Achte auf den Bedeutungsunterschied bei ***liber*** – Buch, ***līber*** – frei und ***līberī*** – Kinder:

Liber mihi est. – Das Buch gehört mir.
Homines **liberi** esse volunt. – Die Menschen wollen frei sein.
Liberi parentibus parent. – Die Kinder gehorchen ihren Eltern.

legere, legō, lēgī, lēctum	lesen; sammeln
prōdere, prōdō, prōdidī, prōditum	überliefern; verraten
memoriae prodere	der Nachwelt überliefern
repetere, -petō, -petīvī, -petītum	wiederholen
prōficere, -ficiō, -fēcī, -fectum	Fortschritte machen
exercēre, exercēō, exercuī, exercitum	üben
armis exercere	sich in den Waffen üben

recitāre	vorlesen
scrīptor, -ōris (m)	Schriftsteller, Schreiber
rerum scriptor	Geschichtsschreiber
auctor, -ōris (m)	Verfasser, Urheber
compōnere, -ponō, -posuī, -positum	zusammensetzen, ordnen, abfassen
carmina componere	Oden dichten
versus, -ūs (m)	Vers; Wendung, Reihe
concipere, -cipiō, -cēpī, -ceptum	abfassen, schreiben
cōnscrībere, -scrībō, -scrīpsī, -scrīptum	verfassen, beschreiben
illūstrāre	erläutern, verschönern
exprimere, -primō, -pressī, -pressum	ausdrücken, abbilden, schildern
Ea exprimere non potest.	*Er kann es nicht in Worte fassen.*
īnscrībere, -scrībō, -scrīpsī, -scrīptum	mit einer Aufschrift versehen, zuschreiben, betiteln
īnstituere, -stituō, -stituī, -stitūtum	unterrichten, beginnen
argūmentum, -ī (n)	Inhalt

Religion

rēligiō, -ōnis (f)	Religion, Glaube, Kult
fās (n, nicht deklinierbar)	göttliches Recht, Gebot
↔ **nefās** (n, nicht deklinierbar)	↔ Unrecht, Frevel
deus, -ī (m)	Gott
dea, -ae (f)	Göttin
deos colere	die Götter verehren
(ad)ōrāre	(an)beten
Ora et labora!	*Bete und arbeite!*
vovēre, voveō, vōvī, vōtum	(einem Gott) geloben
nūmen, -inis (n)	Gottheit, göttlicher Wille
Deorum numini omnia parent.	*Alles gehorcht dem Willen der Götter.*
dīvīnus, -a, -um / **dīvus,** -a, -um	göttlich
nefārius, -a, -um	frevelhaft
caelestēs, -ium (m, Pl.)	(Himmels-)Götter
penātēs, -ium (m, Pl.)	Hausgötter

Götter und Sagengestalten

Die Römer übernahmen viele Götter von den Griechen und gaben ihnen lateinische Namen. Die wichtigsten sind die zwölf olympischen Götter, benannt nach ihrem Sitz auf dem griechischen Berg Olymp.

Die zwölf olympischen Götter

römischer Gott	Beschreibung / Zuständigkeit	griech. Entsprechung
Iuppiter, Iovis (m)	Vater der Götter und Menschen	Zeus
Iūnō, -ōnis (f)	Göttermutter, Frau des Iuppiter	Hera
Mārs, Mārtis (m)	Krieg	Ares
Neptūnus, -ī (m)	Meer	Poseidon
Minerva, -ae (f)	Weisheit, Wissenschaft	Athene
Diāna, -ae (f)	Jagd	Artemis
Apollō, -ōnis (m)	Kunst, Weissagung, Heilkunst	Apollon
Venus, -eris (f)	Liebe, Schönheit	Aphrodite
Mercurius, -ī (m)	Reise, Handel, Diebstahl	Hermes
Vulcānus, -ī (m)	Feuer, Schmiedekunst	Hephaistos
Cerēs, -ēris (f)	Fruchtbarkeit	Demeter
Vesta, -ae (f)	Familienleben, Herdfeuer	Hestia
Nicht zu den olympischen Göttern gehören:		
Plūtō, -ōnis (m)	Unterwelt	Pluton
Bacchus, -ī (m)	Wein, Fruchtbarkeit	Dionysos
Iānus, -ī (m)	Stadttore, Ein- und Ausgänge	–

Weitere wichtige Gottheiten der Römer

Mānēs, -ium (m)	die Manen, die gottähnlich verehrten Seelen der Verstorbenen
Larēs, -ium (m)	die Laren, Schutzgötter des Hauses, der Grundstücke und Straßen
Penātēs, -ium (m)	die Penaten, Schutzgötter des Hauses, der Familie und des Staates

Figuren der römischen Mythologie

Aenēās, -ae (m)	Stammvater der Römer; Geliebter der Dido
Anchīsēs, -ae (m)	Vater des Aeneas
Iūlus, -ī (m)	Sohn des Aeneas, auch Ascanius genannt
Didō, -ōnis (f)	Gründerin und Königin von Karthago; Selbstmord, als Aeneas sie verlässt
Rōmulus, -ī (m)	Gründer der Stadt Rom
Rēmus, -ī (m)	Zwillingsbruder von Romulus, von diesem ermordet
Rhea Silvia, -ae (f)	Mutter der beiden (Vater: Mars)
Tarquinius Superbus, -ī (m)	letzter römischer König, wurde 509 v. Chr. vertrieben; danach Gründung der Republik
Lucrētia, -ae (f)	Idealbild der tugendhaften römischen Frau

Figuren der griechischen Mythologie

Herculēs, -is (m)	griechischer Held, Sohn des Zeus, übermenschlich stark, verrichtete die zwölf Arbeiten
Perseus, -ī (m)	Sohn von Zeus und Danae, besiegte die Medusa, befreite Andromeda
Niobē, -ēs (f)	erhob sich über Apollo und Diana, die dafür ihre vierzehn Kinder töteten
Thēseus, -eī (m)	Königssohn aus Athen, besiegte den Minotaurus mithilfe der Ariadne
Mīnōtaurus, -ī (m)	Ungeheuer, halb Mensch, halb Stier, dem Menschenopfer gebracht werden mussten
Mīnōs, -ōis (m)	König von Kreta
Daedalus, -ī (m)	Vater des Ikarus, Erbauer des Minotaurus-Labyrinths in Kreta
Icarus, -ī (m)	Sohn des Daedalus, beim Flug über das Meer abgestürzt
Orpheus, -eī (m)	Sänger, versuchte seine verstorbene Gattin Eurydike aus der Unterwelt zurückzuholen
Ulixēs, -is (m)	lat. Name für Odysseus, der die Trojaner mit dem hölzernen Pferd überlistete und erst nach 20 Jahren wieder heimkehrte

cultus, -ūs (m)	Verehrung; Bildung; Pflege; Lebensweise
cultus deorum	Götterverehrung
sacrum, -ī (n)	Heiligtum, Opfer
sacra facere	Opfer bringen
sacrificium, -ī (n)	Opfer
templum, -ī (n)	Tempel, Heiligtum
pontifex, -icis (m)	Priester
sacerdōs, -ōtis (m / f)	Priester(in)
sacer, -cra, -crum	heilig, geweiht, verflucht
sānctus, -a, -um	heilig
nihil sanctum habere	nichts heilighalten

immolāre	opfern
Iovi boves immolaverunt.	*Sie opferten dem Jupiter Rinder.*
āra, -ae (f)	Altar
vātēs, -is (m / f)	Seher(in), Wahrsager(in)
vōtum, -ī (n)	Gelübde, Gebet; Wunsch
votum facere	ein Gelübde ablegen
Hoc erat in votis.	*Das habe ich mir gewünscht.*
ōrāculum, -ī (n)	Orakel
oraculum adire	ein Orakel befragen
ōmen, -inis (n)	Vorzeichen
auspicium, -ī (n)	Vorzeichen; Vogelschau
mōnstrum, -ī (n)	Wunderzeichen; Ungeheuer

superī, -ōrum (m, Pl.)	die Götter des Himmels
↔ **īnferī,** -ōrum (m, Pl.)	↔ die Unterirdischen; Unterwelt
immortālis, -e	unsterblich
immortales	die Götter
↔ **mortālis,** -e	↔ sterblich, vergänglich, irdisch
mortales	die Menschen
venerārī	anflehen, verehren
precārī	beten, bitten
obsecrāre	beschwören, anflehen
superstitiō, -ōnis (f)	Aberglaube
profānus, -a, -um	ungeweiht, gottlos
scelerātus, -a, -um	durch Frevel befleckt, entweiht
sollemnis, -e	feierlich, alljährlich gefeiert
supplex, -icis	demütig, bittend, flehentlich

Kunst

ars, artis (f)	Kunst, Kunstfertigkeit
ars dicendi	Redekunst
sīgnum, -ī (n)	Bildnis; Zeichen, Merkmal
fingere, fingō, fīnxī, fictum	bilden, formen; erdichten
vultum fingere	sich verstellen
invenīre, -veniō, -vēnī, -ventum	erfinden, entdecken; finden
simulācrum, -ī (n)	Bild; Statue
statua, -ae (f)	Standbild, Statue
faber, -brī (m)	Handwerker
opus fabri	das Werk eines Handwerkers
artifex, -ficis (m)	Künstler, Schöpfer

poēta, -ae (m)	Dichter
theātrum, -ī (n)	Theater, Schauplatz, Publikum
carmen, -inis (n)	Lied, Gedicht; Spruch
fabula, -ae (f)	Schauspiel, Erzählung, Fabel
spectāculum, -ī (n)	Schauspiel
spectaculum capere	sich ein Schauspiel ansehen
tabula, -ae (f)	Tafel, Gemälde, Verzeichnis
duodecim tabulae	das Zwölftafelgesetz
pingere, pingō, pīnxī, pictum	malen
effigiēs, -ēī (f)	Abbild, Bild
canere, canō, cecinī	(ein Instrument) spielen, singen
tubā canere	Trompete spielen
cantare	singen
plaudere, plaudō, plausī, plausum	Beifall klatschen, schlagen
lūdere, lūdō, lūsī, lūsum	spielen

Sitten und Werte

mōs, mōris (m)	Sitte, Brauch
mos maiorum	Sitte der Vorfahren
ut mos est amicorum	wie es unter Freunden Brauch ist
īnstitūtum, -ī (n)	Einrichtung, Brauch; Vorhaben
officium, -ī (n)	Pflicht
officium praestare	seine Pflicht erfüllen

aliēnus, -a, -um	fremd, abgeneigt, feindselig
alieno animo esse	feindselig gegenüberstehen
oportet, oportuit	es ist nötig, es gehört sich
convenīre, -veniō, -vēnī, -ventum	passen zu, übereinkommen; zusammenkommen
Hoc in eum non convenit.	*Das passt nicht zu ihm.*
solēre, soleō, solitus sum	pflegen, gewohnt sein zu tun
cōnsuētūdō, -inis (f)	Gewohnheit, Umgang

decet, decuit	es schickt sich, es steht wohl an
↔ **dēdecet,** dēdecuit	↔ es schickt sich nicht
cōnfīdere, -fīdō, -fīsus sum	vertrauen
fidēs, fideī (f)	Glaube, Treue, Zuversicht
fidem habere	Vertrauen schenken
honestus, -a, -um	angesehen, anständig
tūtus, -a, -um	geschützt, sicher
fidēlis, -e	treu, zuverlässig
beneficium, -ī (n)	Wohltat
laudāre	loben, befürworten
laus, laudis (f)	Lob, Ruhm
laudem sibi parere	sich Ruhm erwerben

honōs, -ōris (m)	Ansehen, Ehre, Ehrenamt
in summo honore esse	in höchstem Ansehen stehen
auctōritās, -ātis (f)	Ansehen, Einfluss
dīgnitās, -ātis (f)	Würde, Ansehen, Rang
dīgnus, -a, -um	würdig, wert
res memoria digna	eine erwähnenswerte Sache
↔ **indīgnus,** -a, -um	↔ unwürdig
(prae)clārus, -a, -um	klar, hell, glänzend; berühmt
fāma, -ae (f)	Ruf, Gerücht
fama fert	es geht das Gerücht um
grātia, -ae (f)	Dank, Gunst; Anmut
grātus, -a, -um	dankbar; angenehm
glōria, -ae (f)	Ruhm, Ehre
gravitās, -ātis (f)	Ernst, Würde

Aufgepasst: Merke dir folgende Wendungen mit ***gratia:***
gratiam habere – dankbar sein
gratias agere – (mit Worten) danken
gratiam referre – sich (mit Taten) dankbar erweisen

decus, -oris (n)	Zierde, Würde, Schmuck
↔ **dedecus,** -oris (n)	↔ Unehre, Schande
māiestās, -ātis (f)	Größe, Hoheit, Würde
grādus, -ūs (m)	Rang, Stufe; Schritt
praeesse, -sum, -fuī (+ Dat.)	an der Spitze stehen, befehligen
qui praesunt	die Vorgesetzten
praeficere, -ficiō, -fēcī, -fectum	an die Spitze stellen
favēre, faveō, fāvī, fautum	begünstigen, gewogen sein
eximius, -a, -um	außerordentlich
īnsīgnis, -e	ausgezeichnet, auffallend
vir insigni virtute	ein auffallend tüchtiger Mann
ēgregius, -a, -um	hervorragend, ausgezeichnet
singulāris, -e	ausgezeichnet, einzeln

aestimāre	schätzen
magni / parvi aestimare	hoch / gering schätzen
praestāre, -stō, -stitī	voranstehen, übertreffen
patri praestare	den Vater übertreffen
praestat	es ist besser
antepōnere, -pōnō, -posuī, -positum	vorziehen
praeferre, -ferō, -tulī, -lātum	zeigen, vorziehen, vorschützen
se praeferre	sich hervortun
praepōnere, -pōnō, -posuī, -positum	vorziehen
Alii divitias, alii bonam valetudinem praeponunt.	*Die einen ziehen Reichtum vor, die anderen Gesundheit.*

bonum, -ī (n)	Gut, das Gute
↔ **malum,** -ī (n)	↔ Übel, Leiden
praecipuus, -a, -um	außerordentlich, eigentümlich
vānus, -a, -um	leer, eitel, nichtig
spes vana	nichtige Hoffnung
prōbrum, -ī (n)	Schande, Beschimpfung
probro dare	zum Vorwurf machen
flāgitium, -ī (n)	Schande, Schandtat
īnfāmia, -ae (f)	übler Ruf, Schande
occultus, -a, -um	verborgen, heimlich
vituperāre	tadeln
obicere, -iciō, -iēcī, -iectum	vorwerfen

THEMENWORTSCHATZ

5 Staat und Politik

Gemeinwesen und Verwaltung

populus, -ī (m)	Volk
gēns, gentis (f)	Stamm, Volk, Geschlecht
nātiō, -ōnis (f)	Volk, Volksstamm
patria, -ae (f)	Heimat, Vaterland
patrius, -a, -um	heimisch, väterlich
rēs pūblica, reī pūblicae (f)	Gemeinwesen, Staat
pūblicus, -a, -um	öffentlich, staatlich
↔ **prīvātus,** -a, -um	↔ ohne Amt, persönlich
pūblicē (Adv.)	öffentlich, auf Staatskosten
↔ **privātim**	↔ privat, als Privatmann
cīvitās, -ātis (f)	Staat, Gemeinde, Bürgerrecht
cīvis, -is (m / f)	Bürger(in)
cīvīlis, -e	bürgerlich, öffentlich

Aufgepasst: *res publica* in Redewendungen
Merke dir folgende Redewendungen:
rem publicam gerere – den Staat lenken
in re publica versari – sich politisch betätigen
ad rem publicam accedere – sich dem Staatsdienst widmen

concilium, -iī (n)	Versammlung
in concilio adesse	an einer Versammlung teilnehmen
conventus, -ūs (m)	Zusammenkunft, Versammlung
forum, -ī	Marktplatz, Forum
in foro esse	am öffentlichen Leben teilnehmen
convenīre, -veniō, -vēnī, -ventum	zusammenkommen
condiciō, -ōnis (f)	Bedingung, Lage, Verabredung
ea condicione, ut (+ Konj.)	unter der Bedingung, dass
cōnsilium, -iī (n)	Ratsversammlung, Rat, Absicht
cōnsulere, -sulō, -suluī, -sultum	um Rat fragen, beraten, beschließen

sententia, -ae (f)	(Senats-)Antrag; Meinung; Satz, Sinn
sententiam ferre	abstimmen
creāre	wählen, erschaffen
Ciceronem consulem creare	Cicero zum Konsul wählen
dēligere, -ligō, -lēgī, -lēctum	auswählen
dēsīgnāre	bezeichnen, ernennen
prōnūntiāre	verkünden
praedicāre	rühmen, öffentlich bekannt machen
merēre / merērī	verdienen, sich verdient machen
de re publica bene mereri	sich um den Staat verdient machen
meritō (Adv.)	verdientermaßen, zu Recht

5

partēs, -ium (f, Pl.)	(große) Partei
factiō, -ōnis (f)	(kleine) Partei, politische Gruppe
populāris, -e	volkstümlich, volksfreundlich
populārēs, -ium (m, Pl.)	Volkspartei, Popularen
↔ **optimātēs,** -ium (m, Pl.)	↔ Adelspartei, Optimaten
commūnis, -e	gemeinsam, allgemein
concordia, -ae (f)	Eintracht, Einigkeit
↔ **discordia,** -ae (f)	↔ Zwietracht, Uneinigkeit
rēs novae	Umsturz
rebus novis studere	einen Umsturz planen
coniūrātiō, -ōnis (f)	Verschwörung
coniuratio nobilitatis	eine Verschwörung des Adels
coniūrāre	sich verschwören
coniūrātus, -a, -um	eidlich verbunden, verschworen
sēditiō, -ōnis (f)	Aufstand, Aufruhr

socius, -iī (m)	Gefährte, Verbündeter
societās, -tātis (f)	Bündnis, Gemeinschaft
fīnitimus, -a, -um	angrenzend, nahestehend
gentes finitimae	Nachbarstämme
līmes, -itis (m)	Grenze, Grenzwall, Pfad
fīnis, -is (m)	Grenze, Ende
fīnēs, -ium (m, Pl.)	Gebiet
prōvincia, -ae (f)	Amtsbezirk, Provinz
stīpendium, -iī (n)	Steuer, Abgabe; Kriegsdienst, Sold

tribūtum, -ī (n)	Abgabe, Steuer, Tribut
magnitudine tributorum premi	von großer Steuerlast bedrückt werden
īnstitūtum, -ī (n)	Einrichtung; Vorhaben

magistrātus, -ūs (m)	Amt, Amtsträger, Behörde
magistratum inire	ein Amt antreten
cōnsulātus, -ūs (m)	Amt des Konsuls, Konsulat
cōnsul, -is (m)	Konsul
Cn. Pompeio (et) M. Crasso consulibus	unter dem Konsulat von Cn. Pompeius und M. Crassus
senātus, -ūs (m)	Senat
senatūs consultum	Senatsbeschluss
senātor, -ōris (m)	Senator, Mitglied des Senats
patrēs, -um (m)	Senatoren
patres conscripti	Senatoren (als Anrede im Senat)
tribūnus, -ī (m)	Tribun
tribunus plebis	Volkstribun
collega, -ae (m)	Amtskollege

mūnus, -eris (n)	Amt, Aufgabe, Geschenk
munera accipere	seine Amtspflichten übernehmen
negōtium, -ī (n)	Aufgabe, Geschäft, Angelegenheit
in negotio esse	beschäftigt sein
↔ **ōtium**	↔ Muße, Ruhe
gerere, gerō, gessī, gestum	tragen, führen, ausführen
administrāre	verwalten
rem publicam administrare	den Staat verwalten
fungī, fungor, functus sum (+ Abl.)	verwalten, verrichten
munere fungi	ein Amt verwalten
prōcūrāre	ein Amt besorgen, verwalten

Aufgepasst: ***gerere*** **in Redewendungen**
Präge dir folgende Redewendungen ein:
(honeste) se gerere – sich (ehrenhaft) benehmen
rem gerere – eine Tat vollbringen
rem publicam gerere – regieren
bellum gerere – Krieg führen
res gestae – (Kriegs-)Taten

Die Organisation des Staatswesens

Die römische Republik, die ***res publica libera,*** ist durch das Zusammenwirken von

- Magistraten (öffentlichen Beamten, *magistratus*),
- Senat *(senatus)* und
- Volk *(populus Romanus)*

gekennzeichnet.

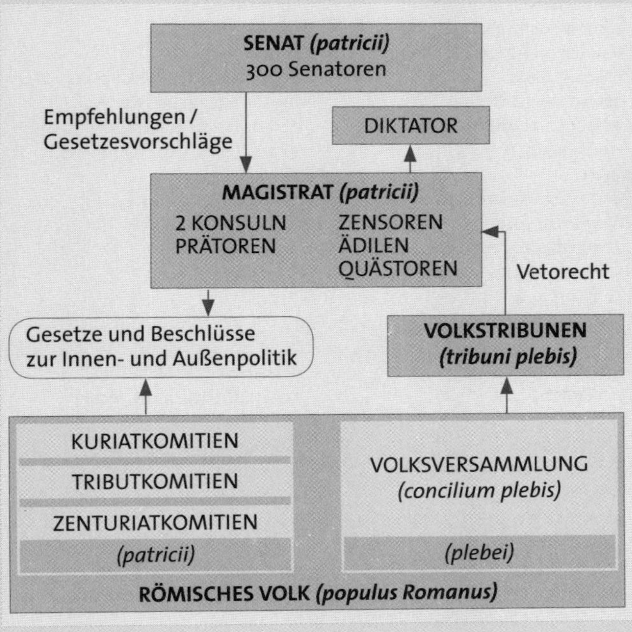

Die politische Macht lag zunächst bei den **Patriziern** *(patricii)*, den Angehörigen der alten adligen Familien. Sie stellten Senatoren, Beamte und Heerführer. Erst nach langen Auseinandersetzungen erlangten die **Plebejer** *(plebei)*, die ärmeren, machtlosen Bürger, Zugang zu den höheren Staatsämtern: Sie konnten v. a. in der Volksversammlung *(concilium plebis)* eigene Volksvertreter *(tribuni plebis)* mit Vetorecht in den Magistrat wählen.

Rechtswesen

iūs, iūris (n)	Recht
iūstitia, -ae (f)	Gerechtigkeit
iūstus, -a, -um	gerecht
↔ **iniūstus,** -a, -um	↔ ungerecht
iniūria, -ae (f)	Ungerechtigkeit
iniuriam facere	Unrecht tun
iniuriam accipere	Unrecht erleiden
lēx, lēgis (f)	Gesetz, Gebot
lege uti	den Schutz der Gesetze genießen
rēctus, -a, -um	recht, richtig, gerade
aequus, -a, -um	eben, gleich, gerecht
↔ **inīquus,** -a, -um	↔ ungleich, ungerecht

Aufgepasst: ***ius* in Redewendungen**
Merke dir folgende Redewendungen:
- **ius dicere / reddere** – Recht sprechen
- **in ius vocare** – vor Gericht bringen, anklagen
- **(suo) iure** – mit (vollem) Recht
- **iura dare** – eine Verfassung geben

iūdicāre	urteilen, beurteilen
accūsāre	anklagen, beschuldigen
capitis accusare	auf Leben und Tod anklagen
arguere, arguī	anklagen, beschuldigen
↔ **dēfendere,** -fendō, -fendī, -fēnsum	↔ verteidigen
convincere, -vincō, -vīcī, -victum	(einer Sache) überführen, widerlegen
iūrāre	schwören
falsum iurare	einen Meineid schwören
iūs iurandum, iūris iurandī (n)	Eid
damnāre	verurteilen, verdammen
capitis damnare	zum Tode verurteilen
↔ **absolvere,** -solvō, -solvī, -solūtum	↔ ablösen, freisprechen
venia, -ae (f)	Verzeihung, Gnade, Erlaubnis
veniam dare	verzeihen
nocēns, -ntis	schädlich, verderblich, schuldig
↔ **innocēns,** -ntis	↔ unschuldig

iūdicium, -iī (n)	Gericht, Urteil
in iudicium vocare	vor Gericht bringen, anklagen
āctiō, -ōnis (f)	Tätigkeit, Gerichtsverhandlung
causa, -ae (f)	Rechtssache, Prozess; Sache, Ursache
causam agere	einen Prozess führen
causam dicere	sich vor Gericht verteidigen
iūdex, iūdicis (m)	Richter
reus, -ī (m)	Angeklagter
patrōnus, -ī (m)	Anwalt, Verteidiger
testis, -is (m / f)	Zeuge / Zeugin
testimōnium, iī (n)	Beweis, Zeugnis

culpa, -ae (f)	Schuld
crīmen, -minis (n)	Vorwurf, Beschuldigung, Verbrechen
Reo fraudem crimini dat.	*Er macht dem Angeklagten den Betrug zum Vorwurf.*
facinus, -oris (n)	Tat, Untat, Verbrechen
scelus, -eris (n)	Verbrechen
scelus committere	ein Verbrechen begehen
scelestus, -a, -um / **scelerātus,** -a, -um	verbrecherisch
corrumpere, -rumpō, -rūpī, -ruptum	bestechen, verderben
peccāre	einen Fehler machen, sündigen
fūr, fūris (m)	Dieb

poena, -ae (f)	Buße, Strafe
poenas dare	bestraft werden
pūnīre	bestrafen
animadvertere, -vertō, -vertī, -versum	strafen, vorgehen (gegen); bemerken
vindicāre	bestrafen, beanspruchen
vindicare in (+ Akk.)	vorgehen gegen
Cicero vehementer in Catilinam vindicavit.	*Cicero ging scharf gegen Catilina vor.*
ulcīscī, ulcīscor, ultus sum (+ Akk.)	bestrafen, rächen, sich rächen
condemnāre	verurteilen
coercēre	einschränken, zügeln, strafen

Aufgepasst: Bei der Übersetzung von ***ulcisci*** musst du den Sinnzusammenhang beachten:

ulcisci inimicum – sich am Feind rächen
ulcisci patrem – für den Vater Rache nehmen, den Vater rächen
ulcisci iniuriam inimici – für das Unrecht am Feind Rache nehmen

vinculum, -ī (n)	Band, Fessel, Pl.: Gefängnis
vincīre, vincō, vinxī, vinctum	fesseln
carcer, -eris (m)	Gefängnis, Kerker
cūstōs, -ōdis (m / f)	Wächter / Wächterin
custōdia, -ae (f)	Gefängnis, Wache, Haft
exilium, -iī (n)	Verbannung
exul, -is	verbannt, Subst.: Verbannter
expellere, -pellō, -pulī, -pulsum	vertreiben, verbannen, hinaustreiben
crux, crucis (f)	Kreuz, Kreuzigung, Marter
supplicium, -iī (n)	Todesstrafe, Hinrichtung
supplicium sumere	hinrichten

Herrschaft und Macht

potentia, -ae (f)	Macht
potestās, -ātis (f)	Amtsgewalt, Vollmacht; Möglichkeit
potestatem facere	die Möglichkeit geben
potēns, -ntis	mächtig, stark
vīs (f), vim (Akk.), vī (Abl.)	Kraft, Macht, Gewalt
opēs, opum (f, Pl.)	Reichtum, Macht, Einfluss
dominātiō, -ōnis (f)	(Gewalt-)Herrschaft
dominārī	Herr sein, herrschen
tyrannus, -ī (m)	Gewaltherrscher, Tyrann

imperāre (+ Dat.)	befehlen, beherrschen
↔ **vetāre,** vetō, vetuī, vetitum	↔ verbieten
iubēre, iubeō, iussī, iussum (+ Akk.)	auffordern, befehlen
↔ **parēre,** pareō, paruī	↔ gehorchen
iussū (Adv.)	auf Befehl
regere, regō, rēxī, rēctum	beherrschen, leiten, lenken

cōgere, cōegō, cēgī, coāctum	zusammenziehen, zwingen
potīrī, potior, potītus sum (+ Abl.)	mächtig werden, sich bemächtigen, erobern
imperio potiri	die Herrschaft an sich reißen
rerum (Gen.!) potiri	sich der Herrschaft bemächtigen

valēre	Einfluss haben, Macht haben
multum valere	großen Einfluss haben
posse, possum, potuī	können, Einfluss haben, gelten
multum / plus posse	viel / mehr Einfluss haben
potior, -ius	vorzüglicher, wichtiger
potius (Adv.)	vielmehr, eher, lieber
potissimum (Adv.)	hauptsächlich, am liebsten
nequīre, -queō, -quīvī	nicht können, unfähig sein
servīre	dienen
servitūs, -ūtis (f)	Sklaverei

5

imperium, -iī (n)	Befehlsgewalt, Herrschaft, Reich
imperium Romanum	das römische Reich
summa imperii	Oberbefehl
imperātor, -ōris (m)	Befehlshaber, Feldherr
Augusto imperatore	unter der Herrschaft des Augustus
obtinēre, -tineō, -tinuī, -tentum	in Besitz haben; besetzt halten
rēgnum, -ī (n)	Königsherrschaft, Königsreich
rēgnāre	König sein, herrschen
rēx, rēgis (m)	König
rēgius, -a, -um	königlich
prīncēps, -cipis	Führer, Herrscher, der Erste
praeesse, -sum, -fuī	leiten, an der Spitze stehen

lēgātus, -ī (m)	Bevollmächtigter, Gesandter
legatos de pace mittere	Gesandte zu Friedensverhandlungen schicken
lēgātiō, -ōnis (f)	Gesandtschaft
mittere, mittō, mīsī, missum	schicken, gehen lassen, werfen
agere, agō, ēgī, āctum	handeln, verhandeln; treiben, betreiben
foedus, -eris (n)	Vertrag, Bündnis
pāx, pācis (f)	Friede, Vertrag
pacem facere	Frieden schließen
pacem petere	um Frieden bitten

THEMENWORTSCHATZ

6 Heereswesen

Truppen und Ausrüstung

exercitus, -ūs (m)	Heer
cōpiae, -ārum (f, Pl.)	Truppen; Sg.: Vorrat, Menge
copias instruere	Truppen zur Schlacht aufstellen
virēs, -ium (f, Pl.)	Streitkräfte
classis, -is (f)	Flotte
legiō, -ōnis (f)	Legion (ca. 6 000 Soldaten)
cohors, -ortis (f)	Kohorte (ca. 600 Soldaten)
agmen, -inis (n)	Heereszug, Zug, Schar
agmen primum / novissimum	Vorhut / Nachhut
sīgnum, -ī (n)	Zeichen, Feldzeichen
signa inferre	angreifen

dux, ducis (m)	Führer
Caesare duce	unter Caesars Führung
imperātor, -ōris (m)	Feldherr, Befehlshaber
tribūnus, -ī (m)	Bezirksleiter, Tribun
tribunus militum	Militärtribun
eques, -itis (m)	Reiter; Ritter
milites equitesque	Fuß- und Reitersoldaten
equitātus, -ūs (m)	Reiterei
mīles, -itis (m)	Soldat, Krieger
milites conscribere	Soldaten ausheben
nūntius, -ī (m)	Bote
nūntiāre	melden, berichten

castra, -ōrum (n, Pl.)	Lager
castra ponere	ein Lager errichten
castra movere	das Lager abbrechen
hīberna, -ae (f)	Winterlager
impedīmenta, -ōrum (n, Pl.)	Gepäck, Tross
vallum, -ī (n)	Wall
fossa, -ae (f)	Graben
arma, -ōrum (n)	Waffen, Gerät

arma capere	zu den Waffen greifen
arma deponere	die Waffen strecken
armāre	bewaffnen
gladius, -iī (m)	Schwert
ferrum, -ī (n)	Waffe, Schwert; Eisen
tēlum, -ī (n)	Geschoss, Waffe

Kampf und Kriegführung

bellum, -ī (n)	Krieg
proelium, -iī (n)	Schlacht, Kampf
proelium committere	eine Schlacht beginnen
aciēs, aciēī (f)	Schlachtordnung
aciem instruere / constituere	das Heer zur Schlacht aufstellen
pūgna, -ae (f)	Kampf, Schlacht
pūgnāre	kämpfen
cōnflīgere, -flīgō, -flīxī, -flīctum	zusammengeraten, kämpfen
certāre	kämpfen, streiten
certāmen, -inis (n)	(Wett-)Kampf, Streit, Gefecht
dūcere, dūcō, dūxī, ductum	führen; meinen

oppūgnāre	belagern, bestürmen
expūgnāre	erobern
occupāre	einnehmen, besetzen
obsidēre	belagern, besetzt halten
opprimere, -primō, -pressī, -pressum	überwältigen; unterdrücken
persequī, -sequor, -secūtus sum	verfolgen
vīs (f), vim (Akk.), vī (Abl.)	Gewalt, Kraft, Macht
vi et armis	mit Waffengewalt
vim adhibere	Gewalt anwenden
circumvenīre, -veniō, -vēnī, -ventum	umringen, umzingeln
circumdāre, -dō, -dedī, -datum	umgeben

Aufgepasst: Das Substantiv ***vis*** – Gewalt kommt im Singular nur im Nominativ, im Akkusativ und im Ablativ vor. Im Plural gibt es dagegen alle Kasusformen, außerdem ändert sich die Bedeutung:
vīrēs, -ium (f) – die Streitkräfte
Achtung: nicht verwechseln mit **virī, -ōrum (m)** – die Männer!

6

hostis, -is (m)	Feind
adversārius, -ī (m)	Gegner
impetus, -ūs (m)	Angriff
Caesar impetum in Germanos fecit.	*Caesar griff die Germanen an.*
petere, petō, petīvī, petītum	angreifen, erstreben, verlangen
appetere, -petō, -petīvī, -petitum	angreifen; begehren
adorīrī, adorior, adortus sum	angreifen
invādere, -vādō, -vāsī, -vāsum	eindringen, angreifen
īnferre, īnferō, intulī, illātum	angreifen; hineintragen
pellere, pellō, pepulī, pulsum	schlagen, stoßen; vertreiben

caedēs, -is (f)	Mord
caedere, caedō, cecīdī, caesum	töten, niederhauen
occīdere, -cīdō, -cīsī, -cīsum	töten, niederhauen
interficere, -ficiō, -fēcī, -fectum	töten
vulnerāre	verletzen
vulnus, -eris (n)	Wunde
multis vulneribus acceptis	mit vielen Wunden
offendere, offendō, offendī, offēnsum	verletzen; beleidigen
nex, necis (f)	(gewaltsamer) Tod
vexāre	quälen, plagen, misshandeln
crūdēlis, -e	grausam
rapere, rapiō, rapuī, raptum	wegraffen, rauben, plündern
dēlēre, dēleō, dēlēvī, dēlētum	zerstören, vernichten
vastāre	verwüsten

fugāre	vertreiben, verbannen
fugere, fugiō, fūgī (+ Akk.)	fliehen, meiden; entgehen
hostem fugere	vor dem Feind fliehen
effugere, -fugiō, -fūgī	entfliehen
fuga, -ae (f)	Flucht
fuga salutem petere	sein Heil in der Flucht suchen
ēvādere, -vādō, -vāsī, -vāsum	hinausgehen, entkommen
recēdere, -cēdō, -cessī, -cessum	zurückweichen
Recede in te ipsum!	*Zieh dich auf dich selbst zurück!*
sēcēdere, -cēdō, -cessī, -cessum	beiseitegehen, sich absondern
discessus, -ūs (m)	Abmarsch, Abzug; Trennung

dēfendere, -fendō, -fēndī, -fēnsum	verteidigen, abwehren
resistere, -sistō, -stitī	Widerstand leisten
hostibus resistere	sich den Feinden widersetzen
auxilium, -iī (n)	Hilfe; Pl.: Hilfstruppen
auxilio venire	zu Hilfe kommen
subvenīre, -veniō, -vēnī, -ventum	zu Hilfe kommen
perīculum, -ī (n)	Gefahr
magno cum periculo	unter großer Gefahr
īnsidiae, -ārum (f, Pl.)	Hinterhalt
insidias parare	einen Hinterhalt legen

Sieg und Niederlage

victōria, -ae (f)	Sieg
victor, -ōris (m)	Sieger
vincere, vincō, vīcī, victum	siegen, besiegen
Veni, vidi, vici.	*Ich kam, sah und siegte.*
victus, -a, -um	besiegt
↔ **invictus,** -a, -um	↔ unbesiegt, unbesiegbar
superāre	überwinden, übertreffen
hostes animo superare	die Feinde an Mut übertreffen
dēvincere, -vincō, -vīcī, -victum	völlig besiegen
triumphus, -ī (m)	Siegeszug, Triumph
triumphum agere	einen Triumphzug veranstalten

clādēs, clādis (f)	Niederlage
cladem accipere	eine Niederlage erhalten
calamitās, -ātis (f)	Schaden, Verlust, Unheil
calamitatem accipere	eine Niederlage empfangen
perniciēs, -ēī (f)	Verderben, Untergang
dēdere, dēdō, dēdidī, dēditum	hingeben, ausliefern, übergeben
Milites hostibus se dediderunt.	*Die Soldaten ergaben sich den Feinden.*
dēditiō, -ōnis (f)	Übergabe
in deditionem venire	sich ergeben, kapitulieren
obses, -idis (m / f)	Geisel, Bürge
obsides dare	Geiseln stellen
capere, capiō, cēpī, captum	fassen, ergreifen, erobern

Satzanfänge bei Caesar

Viele Sätze im Werk Caesars beginnen mit gleichen oder ähnlichen Wendungen. Sie stellen häufig einen logischen oder zeitlichen Zusammenhang zum vorhergehenden Satz oder Kapitel her. Es gibt im Wesentlichen drei Arten:

Participium coniunctum

his rebus adductus …	dadurch veranlasst …
oratione adductus …	durch die Rede veranlasst …
his nuntiis commotus …	durch diese Nachrichten veranlasst …
his de rebus certior factus …	nachdem er von diesen Dingen unterrichtet worden war …

mit relativischem Satzanschluss:

quibus rebus adductus …	dadurch veranlasst …

Ablativus absolutus

hoc proelio facto …	nach dieser Schlacht …
bello confecto …	nach Beendigung des Krieges …
his constitutibus rebus …	nachdem diese Dinge beschlossen worden waren …
his rebus in Italiam Caesari nuntiatis …	nachdem dies Caesar nach Italien berichtet worden war …

mit relativischem Satzanschluss:

qua de causa …	aus diesem Grund …
quo proelio facto …	nach dieser Schlacht …
quibus rebus cognitis …	nachdem dies erkannt worden war …
qua re nuntiata …	nach der Meldung dieser Sache …

Zeitangaben

interim / interea …	inzwischen …
eodem tempore …	zur selben Zeit …
proximo die / postero die …	am folgenden Tag …
eodem die …	am selben Tag …
postridie eius diei …	am nächsten Tag …

7 THEMENWORTSCHATZ

Natur

Himmel und Erde

caelum, -ī (n)	Himmel; Wetter, Klima
terra, -ae (f)	Erde, Land
nātūra, -ae (f)	Natur, Wesen
rerum natura	das Wesen der Dinge
sōl, sōlis (m)	Sonne
lūna, -ae (f)	Mond
orbis, -is (m)	Kreis, Erdkreis
orbis terrarum	die ganze Welt
mundus, -ī (m)	Weltall, Welt
sīdus, -eris (n)	Gestirn, Sternbild
caelestis, -e	himmlisch
tellūs, -ūris (f)	Erde, Erdboden
diēs, diēī (m)	Tag
nox, noctis (f)	Nacht

Aufgepasst: Merke dir folgende Wendungen mit ***sol:***
sole oriente – bei Sonnenaufgang
sole occidente – bei Sonnenuntergang

Jahreszeiten und Wetter

vēr, vēris (n)	Frühling
primo vere	bei Frühlingsbeginn
aestās, -ātis (f)	Sommer
summa aestate	im Hochsommer
autumnus, -ī (m)	Herbst
hiems, hiemis (f)	Winter
hieme ineunte	zu Beginn des Winters
calidus, -a, -um	heiß, warm
↔ **frīgidus,** -a, -um	↔ kalt, kühl
aestus, -ūs (m)	Hitze, Glut; Brandung, Flut
↔ **frīgus,** -oris (n)	↔ Kälte

aqua, -ae (f)	Wasser
imber, -bris (m)	Regen
aer, aeris (m) (Akk. Sg. aera / aerem)	Luft
aura, -ae (f)	Luft(hauch)
ventus, -ī (m)	Wind
vento secundo	mit günstigem Wind
tempestās, -ātis (f)	Unwetter, Sturm
Tempestas oritur.	*Ein Sturm kommt auf.*
nūbēs, -is (f)	Wolke
fulmen, -inis (n)	Blitz(schlag)
fulmine ictus	vom Blitz erschlagen
nix, nivis (f)	Schnee
nives	Schneemassen

Land und Meer

rēgiō, -ōnis (f)	Gebiet, Gegend, Richtung
loca, -ōrum (n)	Gegend
silvā, -ae (f)	Wald
saxum, -ī (n)	Stein, Fels
dūrus, -a, -um	hart; beschwerlich
↔ **mollis,** -e	↔ weich
(h)arēna, -ae (f)	Sand, Küste, Kampfplatz
nemus, -oris (n)	Wald, Park
vallis, -is (f)	Tal
plānitiēs, -ēī (f)	Ebene, Fläche

collis, -is (m)	Hügel
mōns, montis (m)	Berg
in summo monte	auf dem Gipfel des Berges
vertex, -icis (m)	Berggipfel; Scheitel, Wirbel
arduus, -a, -um	steil; schwierig
↔ **plānus,** -a, -um	↔ flach, eben
iugum, -ī (n)	Bergrücken; Joch
in summo iugo	oben auf der Passhöhe
saltus, -ūs (m)	(Wald-)Schlucht; Pass
rūpēs, -is (f)	Fels(hang), Klippe
asper, -era, -erum	rau; uneben

faucēs, -ium (f)	Schlucht, Engpass; Rachen
campus, -ī (m)	Feld, freier Platz
solum, -ī (n)	(Erd-)Boden
solo aequare	dem Erdboden gleichmachen
umbra, -ae (f)	Schatten
āridus, -a, -um	trocken, dürr
dēsertus, -a, -um	öde, verlassen
deserta (n, Pl.)	Einöde, Wüste
planities deserta	eine unbewohnte Ebene
lātus, -a, -um	offen; offenkundig

mare, maris (n)	Meer
mare nostrum	Mittelmeer
īnsula, -ae (f)	Insel; Mietshaus
flūmen, -inis (n)	Fluss, Strom
flumine secundo / adverso	flussabwärts / flussaufwärts
flūctus, -ūs (m)	Flut
lītus, -oris (n)	Strand
ōra, -ae (f)	Küste
aequor, -oris (n)	Meer(esfläche); Ebene
rīpa, -ae (f)	Ufer
unda, -ae (f)	Welle, Flut

lacus, -ūs (m)	See, Teich
fōns, fontis (m)	Quelle
palūs, -ūdis (f)	Sumpf
maritimus, -a, -um	am Meer gelegen, see-
liquidus, -a, -um	flüssig, fließend, klar
sinus, -ūs (m)	Bucht; Bausch; Busen
ostium, -ī (n)	Mündung, Eingang
ostium Tiberis	die Tibermündung
vadum, -ī (n)	Furt, Untiefe
(īn)fluere, fluō, flūxī, flūxum	(hinein)strömen, (ein)münden
(pro)fundere, fundō, fūdī, fūsum	(aus)gießen, sich ergießen
mergere, mergō, mersī, mersum	eintauchen, versenken

Aufgepasst: Beachte die verschiedenen Bedeutungen von ***sinus:***

sinus maritimus – Meeresbucht

in sinu amici – im Herzen des Freundes

in sinu ponere – in die Tasche (den Bausch der Toga) stecken

Unbelebte Stoffe

argentum, -ī (n)	Silber
aurum, -ī (n)	Gold
aureus, -a, -um	golden
ferrum, -ī (n)	Eisen; Waffe, Schwert
ferro ignique	mit Feuer und Schwert
māteria, -ae (f)	Bauholz; Material
līgnum, -ī (n)	Holz
cōnsistere, -sistō, -stitī	bestehen (aus etwas)
humus, -ī (f)	Erdboden, Erde
humi iacere	am Boden liegen
lapis, -idis (m)	Stein
aes, aeris (n)	Kupfer, Erz; Geld
simulacrum ex aere factum	ein Götterbild aus Erz

flamma, -ae (f)	Flamme, Feuer, Glut
īgnis, -is (f)	Feuer
incendium, -ī (n)	Brand
incendere, -cendō, -cendī, -cēnsum	anzünden, entflammen
cinis, -eris (m)	Asche
urere, urō, ussī, ustum	(etwas) verbrennen
ardēre, ardeō, arsī, arsūrus	brennen, glühen
lūx, lūcis (f)	Licht, Helligkeit, Tageslicht
Fiat lux!	*Es werde Licht!*
prima luce	bei Tagesanbruch
lūmen, -inis (n)	Licht, Leuchte

varietās, -ātis (f)	Buntheit, Mannigfaltigkeit
color, -ōris (m)	Farbe
colorem mutare	die Farbe wechseln (= blass werden)
splendēre, splendēō, splenduī	glänzen, leuchten
splendidus, -a, -um	glänzend
lucēre, lūceō, lūxī	leuchten
niger, -gra, -grum	schwarz
āter, -tra, -trum	schwarz, düster
dies ater	Unglückstag
candidus, -a, -um	weiß, strahlend

Pflanzen und Tiere

flōs, flōris (m)	Blume, Blüte
flōrēre, flōreō, flōruī	blühen
herba, -ae (f)	Kraut, Gras
arbor, -ōris (f)	Baum
rāmus, -ī (m)	Zweig
folium, -ī (n)	Blatt
crēscere, crēscō, crēvī	wachsen, zunehmen
esse, sum, fuī, futūrus	sein
fierī, fiō, factus sum	werden, gemacht werden, entstehen, geschehen
qui fit, ut (Konj.)	wie kommt es, dass
orīgō, -inis (f)	Herkunft, Ursprung
ēdere, ēdō, ēdidī, ēditum	hervorbringen; vollbringen

animal, -ālis (n)	Lebewesen, Tier
volucer, -cris, -cre	fliegend, geflügelt
pecus, -ōris (n)	Vieh
grex, gregis (m)	Herde
equus, -ī (m)	Pferd
equo vehi	reiten
bōs, bovis (m / f)	Rind
Quod licet Iovi, non licet bovi.	*Was Jupiter darf, darf ein Ochse noch lange nicht. (= Was der eine nicht darf, darf der andere …)*
canis, -is (m / f)	Hund / Hündin
Cave canem!	*Vorsicht vor dem Hund!*
ariēs, -etis (m)	Widder

bēstia, -ae (f)	wildes Tier, Raubtier
fera, -ae (f)	Tier, wildes Tier
ferus, -a, -um	wild, ungezähmt
lupus, -ī (m)	Wolf
piscis, -is (m)	Fisch
taurus, -ī (m)	Stier
serpēns, -entis (m / f)	Schlange
leō, -ōnis (m)	Löwe
avis, -is (f)	Vogel; Wahrzeichen
aquila, -ae (f)	Adler

FUNKTIONSWORTSCHATZ

8 Adverbien

Ort und Raum

hīc	hier
hinc	von hier
procul hinc abire	weit von hier weggehen
hūc	dort
ibī	dort
alibī	anderswo
alius alibi	der eine hier, der andere dort
illūc / istūc / illō	dorthin
illīc / istīc	da, dort
eō	dorthin, dahin
eodem	ebendorthin, an dieselbe Stelle

ubī	wo
Ubi bene, ibi patria.	*Wo es einem gut geht, da ist seine Heimat.*
ubicumque	wo auch immer
ubīque	überall
quōcumque	wohin auch immer
unde	woher
Eum necavit, unde ipse natus erat.	*Er tötete den, von dem er selbst abstammte.*
undique	von allen Seiten
inde	von dort
longē	weit
longe lateque	weit und breit
nusquam	nirgendwo
citrā	diesseits
↔ **ultrā**	↔ jenseits

Aufgepasst: Achte auf den mehrdeutigen Gebrauch von ***ubi.*** Es kann sowohl eine Ortsbestimmung als auch eine Konjunktion sein:

Ubi es? – Wo bist du?

Ubi te vidi, surrexi. – Sobald ich dich sah, stand ich auf.

Ortsbestimmung in Frage und Antwort

Ortsadverbien sind als „kleine Wörter" schwer auseinanderzuhalten, lassen sich jedoch leicht systematisieren.

	Frage	Antwort	
		bestimmt	allgemein
Ortsruhe	**ubī?** – wo? **quā?** – wo?	**hīc** – hier **ibī** – dort **illīc** – da, dort	**ubique** – überall **nusquam** – nirgends **alibī** – anderswo
Richtung	**quō?** – wohin?	**eō** – dorthin **illūc** – dorthin **hūc** – hierher	**quōcumque** – wohin auch immer
Herkunft	**unde?** – woher?	**hinc** – von hier **inde** – von dort	**undique** – von überall her

Verwechslungen dieser Ortsangaben kannst du vermeiden, indem du dir folgende **Signale** merkst:

- Ein **„i"** am Stammende (ohne folgendes „n") steht für **Ortsruhe.**

ub**i** · ib**i** · h**i**c · ub**i**que

- Die dunklen Vokale **„o"** und **„u"** bezeichnen eine **Richtung.**

qu**o** · e**o** · ill**u**c · h**u**c

- Ein eingeschobenes **„n"** gibt die **Herkunft** an.

u**n**de · i**n**de · hi**n**c · u**n**dique

Mehr als nur Ortsadverbien: *hic, eo* und *quo*

Diese Wörter können unterschiedliche Bedeutung haben:

- ***hic*** kann sowohl Ortsangabe als auch Pronominalform sein *(hic / haec / hoc)*.
- ***eo*** kann kann neben der Ortsbestimmung auch 1. Person Singular von *ire* sein, Ablativ Maskulinum Singular von *is / ea / id* oder Teil der festen Verbindung *quo – eo*.
- ***quo*** kann neben dem Fragewort „wohin?" auch Ablativ Singular des Relativ-, Interrogativ- oder Indefinitpronomens sein.

obviam	entgegen
obviam ire	entgegengehen
contrā	gegenüber
procul	weit weg, von Weitem
procul a patria	fern von der Heimat
prope	nahe
quā	wo; wohin
quō	wohin
suprā	oben
↔ **infrā**	↔ unten
extrā	außen
↔ **intrā**	↔ innen

Zeit

aliquandō	irgendwann, einst
quondam	einst
ōlim	vor langer Zeit, dereinst
anteā	vorher, früher
tum	damals; dann, darauf
tunc	damals
deinde	darauf, dann
prīmum ... deinde ... tum	erstens … zweitens … drittens / zuerst … darauf … dann
tandem	endlich
dēnique	schließlich, zuletzt

modo	eben; gerade
modo ... modo	bald … bald
Modo ait, modo negat.	*Bald sagt er Ja, bald sagt er Nein.*
nōndum	noch nicht
nōn iam	nicht mehr
umquam	jemals
numquam	niemals
nōnnumquam	manchmal
nonnumquam interdiu, saepius noctu	manchmal tagsüber, noch öfter nachts
inde	von da an
interdum	bisweilen, manchmal
intereā	unterdessen, inzwischen

hodiē	heute
herī	gestern
crās	morgen
postrīdiē	am folgenden Tag
prīdiē	am Tag vorher
prīmō	anfangs, zuerst
prīmum	zum ersten Mal, erstens
ut / ubi / cum primum	sobald (als)
quam primum	möglichst bald
iterum	wiederum, zum zweiten Mal
māne	früh(morgens)
hodie mane	heute früh
noctu	nachts

semper	immer
saepe	oft
quam saepissime (Superl.)	so oft wie möglich
extemplō	augenblicklich, sofort
statim	sofort, auf der Stelle
subitō	plötzlich
sērō	spät, zu spät
sero redire	(zu) spät zurückkehren
adhūc	bis jetzt; noch (immer)
posteā	danach, später
postrēmō	schließlich, zuletzt
postrēmum	zum letzten Mal

quandō	wann
Quando venis?	*Wann kommst du?*
nunc	jetzt, nun
nūper	neulich
mox	bald
simul	zugleich
cottīdiē	täglich
quotannīs	jährlich
Romae magistratus quotannis creabantur.	*In Rom wurden die Beamten jedes Jahr gewählt.*
diū	lange (Zeit)
diutius (Komp.)	länger
diutissime (Superl.)	am längsten

Art und Weise

ita	so, auf diese Weise
sīc	so
sīcut	so wie
tam	so
tamquam	so wie, gleich wie, sozusagen
aequē (… ac / atque …)	gleich (… wie …)
Ea res mihi aeque nota est ac tibi.	*Diese Sache ist mir ebenso bekannt wie dir.*
velut(ī)	wie zum Beispiel
quemadmodum	auf welche Weise, wie

bene	gut
↔ male	↔ schlecht
aliter	anders
aliter ac / atque	anders als
clam	heimlich
cōram	vor aller Augen, öffentlich
libenter	gern
aegrē	mit Mühe, ungern
ūnā	zusammen
temere	planlos, blindlings; ohne Weiteres
secus	anders

Grund und Folge

cūr	warum
ergō	deshalb, also
idcircō / ideō	darum, deshalb
igitur	demnach, also, folglich
Gaudeamus igitur!	*Freuen wir uns also!*
propterea	deshalb
inde	daher
itaque	daher, deshalb
item	ebenso
praetereā	außerdem
quārē	wodurch; daher (rel. Satzanschluss)
quamobrem	weswegen

Maß und Grad

semel, bis, ter, quater	einmal, zweimal, dreimal, viermal
Bis dat, qui cito dat.	*Zweimal gibt, wer schnell gibt.*
magnopere	sehr
valde	sehr
magis	mehr
maxime	am meisten
minus	weniger
minimē	am wenigsten
longē (bei Komp. u. Superl.)	bei Weitem

ferē	fast, etwa
paene	beinahe, fast
multum	viel, oft, sehr
↔ **paulum**	↔ ein wenig
multō (bei Komp.)	um so viel
paulō	(um) ein wenig
paulo post	wenig später
plūs	mehr
plūrimum	am meisten
plurimum valere	sehr großen Einfluss haben

Aufgepasst: Wichtige Vergleichsformen

Viele Adverbien, die das Maß angeben, können gesteigert werden:

valde → **magis** → **maxime** – sehr → mehr → am meisten
paulum → **minus** → **minime** – wenig → weniger → am wenigsten
multum → **plus** → **plurimum** – viel → mehr → am meisten

tantum	nur
tantō	um vieles
partim	zum Teil
partim ... partim	teils … teils
nimis / nimium	zu sehr
Ne quid nimis!	*Nichts im Übermaß!*
omnīnō	überhaupt
admodum	ziemlich, sehr, durchaus
adeō	so sehr
parum	zu wenig
potius	eher, lieber
potissimum	hauptsächlich

tam	so, so sehr
quam	wie, wie sehr
maior quam	größer als
quam celerrime	so schnell wie möglich
quantō	um wie viel
quanto ... tanto	je … desto
sēmi-	halb-
satis	genug
vix	kaum
modo	nur
prope	nahezu
praesertim	zumal, besonders
praesertim cum	zumal da, besonders weil

Bekräftigung und Abmilderung

certē / certō	sicher, gewiss
immō (verō)	aber ja, gewiss doch
fortāsse	vielleicht
frūstrā	umsonst, vergeblich
nēquīquam	vergeblich, erfolglos
haud	nicht
haud scio an	vermutlich
nē ... quidem	nicht einmal
ne in oppidis quidem	nicht einmal in den Städten
nihilō minus	nichtsdestoweniger
nōn	nicht
nōn nisi	nicht … außer, nur

plānē	deutlich
quīn etiam	ja sogar
profectō	in der Tat, sicherlich
scīlicet	selbstverständlich; nämlich
sānē	allerdings, meinetwegen
tamen	dennoch
vērum	aber, jedoch
vērō	wirklich; aber, jedoch
minime vero	keineswegs
Ego vero cupio te ad me venire.	*Ich wünsche wirklich, dass du zu mir kommst.*

9 FUNKTIONSWORTSCHATZ

Konnektoren

Verbindung

et	und, auch
-que	und
senatus populusque Romanus	Senat und Volk von Rom
atque / ac	und, und dazu
etiam	auch, sogar
quoque (nachgestellt)	auch
Brutus quoque	auch Brutus
neque / nec	und nicht, auch nicht, aber nicht
et ... et	sowohl … als auch
modo ... modo	bald … bald
neque ... neque / nec ... nec	weder … noch
nec vi nec dolo	weder mit Gewalt noch mit List
nōn sōlum / modo ... sed etiam	nicht nur … sondern auch

Aufgepasst: ***neque*** steht zur Verneinung vor folgenden Konjunktionen:

neque enim – denn nicht
neque tamen – doch nicht
neque vērō – aber nicht

Gegensatz

at	aber
autem (nachgestellt)	aber
Liberi clamant, parentes autem tacent.	*Die Kinder schreien, die Eltern (aber) schweigen.*
sed	aber, sondern, jedoch
vērō / vērum	aber, jedoch; wirklich
tamen	doch, dennoch, trotzdem
neque tamen	doch nicht
cum (+ Konj.)	während, wohingegen

Einschränkung

quamquam (+ Ind.)	obwohl
cum (+ Konj.)	obwohl, obgleich
Socrates cum facile effugere posset, noluit.	*Obwohl Sokrates leicht fliehen konnte, wollte er nicht.*
quamvīs (+ Konj.)	obwohl, wie sehr auch
etiamsī (+ Ind. / Konj.)	selbst wenn
etsī / tametsī (+ Ind. / Konj.)	wenn auch, obgleich
ut (+ Konj.)	selbst wenn, wenn auch
Ut desint vires, tamen est laudanda voluntas.	*Wenn auch die Kräfte fehlen, ist doch der Wille zu loben.*

Zeitliche Bestimmung

cum (+ Konj.)	als, nachdem
postquam (+ Ind. Perf.)	nachdem
ut (+ Ind.)	sobald (als)
ubī (prīmum) (+ Ind.)	sobald
Ubi me vidit, risit.	*Sobald er mich sah, lachte er.*
simul(ac) / simulatque (+ Ind.)	sobald (als)
cum / ut / ubī (+ Ind.)	immer wenn, sooft
dum (+ Ind. Präs.)	während
Dum cena paratur, hospites dormiverunt.	*Während das Essen bereitet wurde, schliefen die Gäste.*
(tum) cum (+ Ind.)	(damals,) als
modo cum (+ Ind. Perf.)	(eben,) als
antequam / priusquam (+ Ind. / Konj.)	ehe, bevor
Cogita, antequam dicis.	*Denke, bevor du sprichst.*
dum / donec (+ Ind. / Konj.)	so lange (als), so lange bis
Laborat, donec sol nitet.	*Er arbeitet, solange die Sonne scheint.*

Aufgepasst: Beachte, dass ***cum*** nicht nur Subjunktion, sondern auch Präposition sein kann:

Marcus cum Claudia parentes exspectat. – Marcus wartet zusammen mit Claudia auf die Eltern.

Marcus cum parentes exspectet, valde gaudet. – Weil Marcus die Eltern erwartet, freut er sich sehr.

Begründung und Folge

sī	wenn, falls, ob
Si tacuisses, philosophus mansisses.	*Hättest du geschwiegen, wärest du ein Philosoph geblieben.*
sīn (autem)	wenn aber
quod sī / quodsī	wenn nun, wenn aber
nisī	wenn nicht, außer
nōn (...) nisī	nur
Amicitia esse non potest nisi in bonis.	*Freundschaft kann nur unter Guten bestehen.*
dum / dummodo / modo (+ Konj.)	wenn nur
Omnia tolerare possumus, dummodo vivamus.	*Wir können alles ertragen, wenn wir nur am Leben sind.*
sīve ... sīve / seu ... seu	sei es (dass) … oder (dass)
sive casu sive consilio	sei es zufällig, sei es absichtlich
sī quidem	wenn wirklich

Bedingung

nam	denn
enim (nachgestellt)	denn, nämlich
quod (+ Ind.)	weil; dass
ex eo, quod	daraus, dass
nihil nisi quod	nichts, außer dass
quia (+ Ind.)	weil
quoniam (+ Ind.)	da ja, weil ja
cum (+ Konj.)	weil, da
Cum sors servorum miserrima esset, seditionem fecerunt.	*Da die Lage der Sklaven sehr schlimm war, machten sie einen Aufstand.*
praesertim cum (+ Konj.)	zumal da, besonders weil
ut (+ Konj.)	(so)dass
ea condicione, ut	unter der Bedingung, dass
ut nōn (+ Konj.)	(so)dass nicht
quīn (+ Konj.) (nach verneinten Ausdrücken)	dass
Non dubito, quin eam viderit.	*Ich bezweifle nicht, dass er sie gesehen hat.*

✓ Wunsch und Absicht

utinam (+ Konj.)	wenn doch, dass doch, hoffentlich
Utinam mater vivat!	*Hoffentlich lebt die Mutter noch!*
ut (+ Konj.)	dass, damit
Populus ab imperatore postulavit, ut pacem servaret.	*Das Volk forderte vom Kaiser, den Frieden zu wahren.*
ut ita dicam	sozusagen
nē (+ Konj.)	dass nicht, damit nicht
Ne mea verba derideas!	*Dass du (ja) nicht über meine Worte lachst!*
ne dicam	um nicht zu sagen
quō / ut eō (+ Konj.) (vor Komp.)	damit dadurch, damit umso
Lex brevis esto, quo facilius teneatur.	*Ein Gesetz soll kurz sein, damit es umso leichter behalten wird.*

Aufgepasst: Besonderheiten der Konjunktion *ut:*
Nach Verben und Ausdrücken des Fürchtens und Hinderns heißt **ut** „dass nicht" und **nē** „dass":

Timeo, ut labores sustineat. – Ich fürchte, dass er die Mühen nicht aushält.
Timeo, ne animo deficiat. – Ich fürchte, dass er den Mut verliert.
Cave, ne sero venias! – Hüte dich, dass du zu spät kommst!

✓ Alternative

aut / -ve	oder
unus pluresve	einer oder mehrere
vel	oder (auch), oder sogar, zum Beispiel
vel optimus	sogar der Beste
sīve / seu	oder, oder wenn
Hoc Plato sive quis alius dixit.	*Das hat Plato oder (irgendein) anderer gesagt.*
an	oder
aut ... aut / vel ... vel	entweder ... oder
Aut prodesse volunt aut delectare poetae.	*Die Dichter wollen entweder nützen oder unterhalten.*

Fragen werden meist mit einem Fragepartikel eingeleitet.

Satz- oder Entscheidungsfragen

-ne (Fragesignal, bleibt unübersetzt)	Antwort: ja oder nein
Venisne? (Kommst du?)	
num – etwa	erwartete Antwort: nein
Num dubitas? (Zweifelst du etwa?)	
nōnne – etwa nicht	erwartete Antwort: ja, doch
Nonne ei creditis? (Glaubt ihr ihm etwa nicht?)	
an – oder etwa, ob	Antwort: ja oder nein
An falsum est? (Oder ist das falsch?)	

Wahl- oder Doppelfragen mit mehreren Antwortmöglichkeiten

ūtrum ... an **-ne ... an** **an** } ob ... oder	**Utrum** hoc verum **an** falsum est? / Hoc(**ne**) verum **an** falsum est? (Ist das wahr oder falsch?)
utrum ... necne **-ne ... necne** **... necne** } ob ... oder nicht	Utrum hoc verum est **necne?**/ Est(**ne**) hoc verum **necne?** (Ist das wahr oder nicht?)

■ In der Übersetzung bleiben *utrum* und *-ne* unberücksichtigt.

Utrum aeger es an vales?
(Bist du krank oder gesund?)

■ Bei einem indirekten Fragesatz tritt im Deutschen „ob“ dazu.

Quaeramus, utrum hoc verum sit an falsum!
(Lasst uns untersuchen, ob dies wahr oder falsch ist!)

■ Die Wendung *haud scio an* wird mit „vermutlich“ übersetzt.

Haud scio, an satis est.
(Vermutlich genügt es schon.)

FUNKTIONSWORTSCHATZ

10 Präpositionen

Präpositionen mit Akkusativ

ad	zu, bei, an; bis zu; ungefähr
ad unum omnes	alle bis auf den Letzten
usque ad	bis zu
usque ad centum	volle Hundert
adversus	gegen, gegenüber
adversus legem	im Widerspruch mit dem Gesetz
ante	vor
ante Christum natum	vor Christi Geburt
apud	(nahe) bei
apud me	in meinem Hause
contrā	gegen, gegenüber
Contra hostes profecti sunt.	*Sie marschierten gegen den Feind.*

Aufgepasst: Unterschiedliche Sinnrichtungen bei Präpositionen
Beachte, dass beinahe jede Präposition neben ihrer örtlichen Grundbedeutung auch zeitlich und im übertragenen Sinn angewendet werden kann:

örtlich: **pugna ad Cannas** – die Schlacht bei Cannae
zeitlich: **ad vesperum** – bis zum Abend
übertragen: **ad trecentos** – ungefähr dreihundert

circā / circum	um … herum; ungefähr
Caesar legatos circa vicinas gentes misit.	*Caesar schickte Gesandte zu den benachbarten Stämmen.*
ergā	gegen, in Bezug auf
sua merita erga me	seine Verdienste mir gegenüber
īnfrā	unter, unterhalb
↔ **suprā**	↔ oberhalb von; über
supra vires	über die Kräfte hinaus
extrā	außer, außerhalb
extra modum	über das Maß hinaus
↔ **intrā**	↔ innerhalb von; binnen
intra viginti dies	binnen zwanzig Tagen

ob	gegen, gegenüber; wegen
ob eam causam	aus diesem Grund
quam ob rem	deswegen
per	durch (… hindurch); während; mittels
Imperator per nuntium certior factus est.	*Der Feldherr wurde durch einen Boten benachrichtigt.*
per multas horas	während vieler Stunden
post	hinter; nach
post Christum natum	nach Christi Geburt
praeter	an … vorbei; außer; wider
omnes praeter unum	alle außer einem

inter	zwischen, unter; während
inter manus esse	vor Augen liegen
iuxta	neben, nahe bei; gegen
iuxta finem vitae	gegen Ende des Lebens
prope	nahe bei; um (… herum)
prope meridiem	um die Mittagszeit herum
propter	nahe bei, neben; wegen
Propter curas dormire non possum.	*Wegen der Sorgen kann ich nicht schlafen.*
secundum	entlang; sogleich nach; gemäß
secundum flumen	am Fluss entlang
secundum naturam vivere	naturgemäß leben
super	oberhalb; über … hinaus
supra modum	über das Maß hinaus
trāns	über; jenseits
trans flumen	jenseits des Flusses; über den Fluss
citrā	diesseits von
↔ **ultrā**	↔ jenseits, über … hinaus
ultra Augustum	über die Zeit des Augustus hinaus

Aufgepasst: Die Präpositionen ***causā*** und ***gratiā*** werden mit dem Genitiv verbunden und stehen hinter ihrem Bezugswort:

causā (+ Gen.) – wegen, um ... willen:
amicorum causa – wegen der Freunde, um der Freunde willen
gratiā (+ Gen.) – um ... willen, aus Rücksicht:
amicitiae gratia – aus Rücksicht auf die Freundschaft

Präpositionen mit Ablativ

ā / ab	von, von… her; seit
ab initio anni	seit Anfang des Jahres
cum	mit
cum pace	in Ruhe
unā cum	zusammen mit, zugleich mit
dē	von, von … herab; über
ea de causa	aus diesem Grund
ē / ex	aus, von… her; seit; infolge
magna ex parte	zum großen Teil
prae	vor; im Vergleich zu
prae se ferre	vor sich hertragen
Prae Tito parvus est.	*Im Vergleich zu Titus ist er klein.*
prō	vor; für, anstelle von
pro consule	anstelle des Konsuls
sine	ohne
sine dubio	zweifellos

Präpositionen mit Akkusativ und Ablativ

in + Akk. („wohin?“)	nach, in (… hinein); gegen
in urbem se conferre	sich in die Stadt begeben
in Catilinam oratio	eine Rede gegen Catilina
in + Abl. („wo?“)	in, an, auf, bei
in senatu dicere	in / vor dem Senat eine Rede halten
omnibus in partibus	in allen Belangen
sub + Akk. („wohin?“)	unter (… hin), unmittelbar vor / nach
sub montem succedere	an den Berg heranrücken
sub noctem	kurz vor Einbruch der Nacht
sub + Abl. („wo?“)	unter, unten an …
sub monte	am Fuße des Berges

Aufgepasst: Merke dir die Grundbedeutungen der Präpositionen. Sie helfen dir bei der Ermittlung von Bedeutungen zusammengesetzter Wörter:

inter-cedere – dazwischen-gehen **praeter-ire** – vorbei-gehen
trans-mittere – hinüber-schicken **circum-dare** – um-geben

Wörter bestehen oft aus einem Stamm + einem sogenannten **Präfix** (Vorsilbe). Als Präfixe treten oft Präpositionen auf, die
- ein zusammengesetztes Wort ihrer eigenen Bedeutung entsprechend verändern,
- neben der Grundbedeutung einen übertragenen Gebrauch haben,
- auch lautlich verändert werden, indem sie an den Anlaut des Grundwortes angeglichen werden.

Bedeutungsänderung durch Präpositionen

Präposition als Präfix

sub...
sub-icere – darunterlegen
suc-currere – zu Hilfe kommen

ab...
ab-esse – abwesend sein
ab-īre – weggehen

pro...
pro-cedere – vorrücken
pro-mittere – versprechen

ad...
ad-īre – herangehen
af-ferre – herbeitragen

per...
per-spicere – durchschauen
per-movēre – beunruhigen

con... (von cum!)
con-venīre – zusammenkommen
col-loquium – Unterredung

in...
in-īre – hineingehen
im-mortālis – unsterblich

de...
dē-mittere – hinabschicken
dē-monstrāre – beweisen

ex...
ex-īre – herausgehen
ef-ficere – bewirken

Einige Präfixe werden als selbstständige Präpositionen nicht mehr verwendet:

ne-	Verneinung	ne-scīre (↔ scire) neg-ōtium (↔ ōtium)	nicht wissen Aufgabe
in-	Gegenteil	īn-firmus (↔ firmus)	schwach
rē-	Rückbezug und Wiederholung	rē-ducere rē-petere	zurückführen wiederholen
dis-	Trennung	dis-ponere	verteilen

11 FUNKTIONSWORTSCHATZ

Pronomen

Personalpronomen

egō, meī, mihī, mē, (ā) mē	ich
tū, tuī, tibī, tē, (ā) tē	du
is, ea, id	er, sie, es
suī, sibī, sē (reflexiv), (ā) sē	seiner, sich
nōs, nostrī / nostrum, nōbīs, nōs, (ā) nōbis	wir
vōs, vestrī / vestrum, vōbīs, vōs, (ā) vōbīs	ihr
Quis vestrum?	*Wer von euch?*
eī (iī), eae, ea	sie (3. Pers. Pl.)

Possessivpronomen

meus, -a, -um	mein
Omnia mea mecum porto.	*Ich trage all meinen Besitz bei mir.*
tuus, -a, -um	dein
suus, -a, -um / eius	sein, ihr / dessen, deren
Suae quisque fortunae faber est.	*Jeder ist seines Glückes Schmied.*
noster, -tra, -trum	unser
Nostrum est pauperes adiuvare.	*Es ist unsere Aufgabe, den Schwachen zu helfen.*
vester, -tra, -trum	euer
sui, -ae, -a / eorum, earum, eorum	ihr (3. Pers. Pl.) / deren

Aufgepasst: ***suus* und *eius***
Ist der Besitzer gleichzeitig Subjekt des Satzes bzw. des übergeordneten Satzes, wird das rückbezügliche (reflexive) *suus* verwendet:
Vidit fratrem suum. – Er sieht seinen Bruder (= den eigenen).
Wenn dies nicht der Fall ist, dienen *eius* (dessen, deren) und *eorum, earum, eorum* (deren), die Genitive von *is, ea, id,* als Ersatz.
Vidit fratrem eius. – Er sieht seinen / dessen Bruder (= den eines anderen).

Demonstrativpronomen

is, ea, id	dieser, der(jenige)
ob eam causam	aus diesem Grund
hic, haec, hoc	dieser, diese, dieses
hoc est	das heißt
Haec dixit: ...	*Er sagte Folgendes: ...*
iste, ista, istud (Gen. istīus, Dat. istī)	dieser da, jener da
īdem, eadem, idem	derselbe, der gleiche
idem qui / idem atque	derselbe wie
ille, illa, illud (Gen. illīus, Dat. illī)	jener, jene, jenes
ipse, ipsa, ipsum (Gen. ipsīus, Dat. ipsī)	selbst, persönlich

Relativpronomen

quī, quae, quod	der, die, das; welcher, welche, welches
quibus verbis (relativischer Satzanschluss)	mit diesen Worten
quīcumque, quaecumque, quodcumque	wer auch immer; jeder, der
Quodcumque discis, tibi proderit.	*Was auch immer du lernst, es wird dir nützen.*
quisquis, quidquid	wer auch immer; jeder, der
quoquo modo res se habet	es sei, wie es wolle

Interrogativpronomen

quis, quid (subst.)	wer, was
Quis dubitet?	*Wer möchte daran zweifeln?*
Quid novi?	*Was gibt es Neues?*
qui, quae, quod (adj.)	welcher, welche, welches
Quo modo (auch: quomodo) res se habet?	*Wie verhält es sich?*
uter, utra, utrum (Gen. utrīus, Dat. utrī)	welcher von beiden
Uter tibi carior est?	*Welcher von beiden ist dir lieber?*

Indefinitpronomen

quis, quid (subst.)	irgendeiner, jemand
si quis dicat	wenn jemand sagen sollte
quī, quae, quod (adj.)	irgendein
aliquis, aliquid (subst.)	irgendeiner, jemand
Semper aliquid haeret.	*Immer bleibt etwas hängen.*
aliquī, aliquae, aliquod (adj.)	irgendein
quisquam, quicquam (subst.)	irgendeiner, jemand
ūllus, ūlla, ūllum (adj.)	irgendein
quīdam, quaedam, quiddam (subst.)	ein bestimmter, irgendeiner, einer
quīdam, quaedam, quoddam (adj.)	ein bestimmter, irgendein, ein
(unus)quisque, (unum)quidque (subst.)	jeder (Einzelne); Pl.: alle
Suum cuique!	*Jedem das Seine!*
(unus)quisque, (una)quaeque, (unum)quodque *(adj.)*	jeder (Einzelne)

quīvīs, quaevīs, quidvīs (subst.)	jeder Beliebige
quīvīs, quaevīs, quodvīs (adj.)	jeder beliebige
nēmō (subst.) (Gen. nūllīus, Dat. neminī)	niemand, keiner
nūllus, -a, -um (adj.) (Gen. nūllīus, Dat. nūllī)	kein
Nulla poena sine lege.	*Keine Strafe ohne Gesetz.*
neuter, neutra, neutrum (subst. / adj.)	keiner von beiden
nihil	nichts
nihil novi	nichts Neues
alius, alia, aliud (Gen. alterīus, Dat. aliī)	ein anderer
alius – alius	der eine – der andere
Alius alium adiuvat.	*Einer hilft dem anderen.*
alter, altera, alterum (Gen. alterīus, Dat. alterī)	der eine, der andere (von zweien)
uterque, utraque, utrumque (subst. / adj.)	jeder (von beiden)
Uterque consul cecidit.	*Beide Konsuln sind gefallen.*

FUNKTIONSWORTSCHATZ

12 Zahlen

Grundzahlen

1	I	**ūnus, ūna, ūnum**	eins, ein
2	II	**duo, duae, duo**	zwei
3	III	**trēs, tria**	drei
4	IV	**quattuor**	vier
5	V	**quīnque**	fünf
6	VI	**sex**	sechs
7	VII	**septem**	sieben
8	VIII	**octō**	acht
9	IX	**novem**	neun
10	X	**decem**	zehn
20	XX	**vīgintī**	zwanzig
30	XXX	**trīgintā**	dreißig
40	XL	**quadrāgintā**	vierzig
50	L	**quīnquāgintā**	fünfzig
100	C	**centum**	einhundert
500	D	**quīngentī**	fünfhundert
1000	M	**mīlle**	tausend
2000	MM	**duo mīlia**	zweitausend

Ordnungszahlen

prīmus, -a, -um	der erste, der Erste
secundus, -a, -um	der zweite, der Zweite
tertius, -a, -um	der dritte, der Dritte
quārtus, -a, -um	der vierte, der Vierte
quīntus, -a, -um	der fünfte, der Fünfte
sextus, -a, -um	der sechste, der Sechste
sēptimus, -a, -um	der siebte, der Siebte
octāvus, -a, -um	der achte, der Achte
nōnus, -a, -um	der neunte, der Neunte
dēcimus, -a, -um	der zehnte, der Zehnte

Testfragen

Hier kannst du testen, wie gut du den Wortschatz beherrschst. Zu jeder Frage gibt es genau *eine* richtige Antwort. Wenn du unsicher bist oder mehr wissen möchtest, zeigen dir die Seitenverweise am Rand, wo du ausführlichere Informationen findest. Die Lösungen stehen auf Seite 109.
Du kannst die Fragen auch als Lernquiz auf dein Handy herunterladen; wie das geht, steht auf der vorderen Umschlagklappe.

Funktionswortschatz

↑ S. 79 **1** Welches Adverb wird mit *magis* gesteigert?

☐ a) paulum
☐ b) multum
☐ c) valde

↑ S. 81 **2** Was bedeutet *Brutus quoque?*

☐ a) auch Brutus
☐ b) ein gewisser Brutus
☐ c) auch Brutus nicht

↑ S. 93 **3** Wie lautet der Nominativ von *duo* in allen drei Genera?

☐ a) duo, duās, duo
☐ b) duo, duae, duo
☐ c) duo, duas, duae

↑ S. 74 **4** Welche Übersetzung von *procul hinc abīre* ist richtig?

☐ a) fern von dort weggehen
☐ b) weit von hier weggehen
☐ c) anderswo hingehen

↑ S. 79 **5** Wie übersetzt man *semel, bis, ter, quater?*

☐ a) einmal, zweimal, dreimal, viermal
☐ b) eins, zwei, drei, vier
☐ c) erstens, zweitens, drittens, viertens

6 Wie übersetzt man die Wendung *prīmum ... deinde ... tum* richtig? ↑S. 76
- ☐ a) früher ... dann ... in Zukunft
- ☐ b) erstens ... zweitens ... drittens
- ☐ c) sowohl ... als auch ... und überdies

7 Welche Übersetzung des folgenden Satzes ist richtig? ↑S. 79
Nē quid nimis!
- ☐ a) Nichts ist zu viel!
- ☐ b) Nichts im Übermaß!
- ☐ c) Nichts genügt ihm!

8 Wie lauten die Formen von *ipse* (selbst) im Singular Nominativ? ↑S. 91
- ☐ a) ipse, ipsa, ipsud
- ☐ b) ipsi, ipsae, ipsa
- ☐ c) ipse, ipsa, ipsum

9 *quam saepissimē* bedeutet ... ↑S. 77
- ☐ a) oft genug
- ☐ b) am allerhäufigsten
- ☐ c) so oft wie möglich

10 Welche Aussage stimmt? *hic* (hier) ist ... ↑S. 75
- ☐ a) eine Ortsangabe.
- ☐ b) eine Ortsangabe / eine Pronominalform.
- ☐ c) eine Pronominalform.

11 Was bedeutet die Wendung *sīne dubiō?* ↑S. 88
- ☐ a) ohne Zögern
- ☐ b) zweifellos
- ☐ c) trotzdem

12 Was bedeutet das Adverb *undīque?* ↑S. 74
- ☐ a) von allen Seiten
- ☐ b) überallhin
- ☐ c) überhaupt

↑S. 78 **13** Die Übersetzung des relativischen Satzanschlusses *quamobrem* lautet ...
- ☐ a) wodurch.
- ☐ b) weswegen.
- ☐ c) weil.

↑S. 84 **14** Welche Aussage stimmt? *nē* + Konjunktiv hat die Bedeutung von ...
- ☐ a) damit umso
- ☐ b) dass, damit
- ☐ c) dass nicht

↑S. 81 **15** Was bedeutet *neque tamen?*
- ☐ a) denn nicht
- ☐ b) doch nicht
- ☐ c) aber nicht

↑S. 79 **16** Was heißt die Wendung *plūrimum valēre?*
- ☐ a) am meisten wert sein
- ☐ b) am stärksten sein
- ☐ c) sehr großen Einfluss haben

↑S. 93 **17** Wie kann man die Zahl *quadrāgintā* (vierzig) abkürzen?
- ☐ a) XL
- ☐ b) XXXX
- ☐ c) XV

↑S. 68 **18** Was bedeutet die Zeitangabe *posterō diē?*
- ☐ a) am gestrigen Tag
- ☐ b) am vorletzten Tag
- ☐ c) am folgenden Tag

↑S. 92 **19** Wie übersetzt man den folgenden Satz? *Alius alium adiuvat.*
- ☐ a) Einer hilft dem anderen.
- ☐ b) Die einen helfen den anderen.
- ☐ c) Die einen helfen den Übrigen.

20 Wie übersetzt man diese Wendung? ↑S. 76
modo ... modo ...

☐ a) bald ... bald ...
☐ b) je ... desto ...
☐ c) zwar ... aber ...

21 Welche Übersetzung des folgenden Satzes ist richtig? ↑S. 78
Gaudeāmus igitur!

☐ a) Freuen wir uns miteinander!
☐ b) Freuen wir uns also!
☐ c) Freuen wir uns darüber!

22 Die Übersetzung von *quam prīmum* lautet ... ↑S. 77

☐ a) möglichst bald.
☐ b) sobald.
☐ c) obwohl.

23 Was bedeutet die Zeitangabe *eōdem diē?* ↑S. 68

☐ a) am selben Tag
☐ b) an diesem Tag
☐ c) am gleichen Tag

24 *ut* mit Indikativ heißt ... ↑S. 82

☐ a) sodass.
☐ b) damit.
☐ c) sobald.

25 Wie lautet die richtige Übersetzung dieses Satzes? ↑S. 80
Egō vēro cupiō tē ad mē venīre.

☐ a) Ich aber wünsche, dass du zu mir kommst.
☐ b) Ich wünsche wirklich, dass du zu mir kommst.
☐ c) Ich wünsche nicht, dass du zu mir kommst.

26 Das Präfix *dis-* bezeichnet ... ↑S. 89

☐ a) eine Verneinung.
☐ b) ein Gegenteil.
☐ c) eine Trennung.

↑S. 92 **27** Wie lautet der Genitiv Singular des Pronominaladjektivs *nūllus* (kein)?

- ☐ a) nūllī
- ☐ b) nūllōrum
- ☐ c) nūllīus

↑S. 86 **28** *supra vīres* bedeutet ...

- ☐ a) über die Männer hinweg.
- ☐ b) über die Kräfte hinaus.
- ☐ c) jenseits der Truppen.

↑S. 74 **29** Was bedeutet die Wendung *longē latēque?*

- ☐ a) weithin
- ☐ b) des Langen und Breiten
- ☐ c) weit und breit

↑S. 76 **30** Wie wird der folgende Satz richtig übersetzt?
Procul ā patriā abest.

- ☐ a) Die Heimat ist fern.
- ☐ b) Der Prokonsul ist fern der Heimat.
- ☐ c) Er ist fern der Heimat.

↑S. 87 **31** *secundum flūmen* heißt ...

- ☐ a) am Fluss entlang.
- ☐ b) der zweite Fluss.
- ☐ c) gemäß dem Fluss

↑S. 80 **32** Die Wendung *nihilō mīnus* lautet ...

- ☐ a) nichtsdestoweniger
- ☐ b) um so viel weniger
- ☐ c) keineswegs

↑S. 82 **33** Welche Übersetzung des folgenden Satzes ist richtig?
Ubī mē vīdit, rīsit.

- ☐ a) Sobald er mich sah, lachte er.
- ☐ b) Wenn er mich sieht, lacht er.
- ☐ c) Wo er mich sah, lachte er.

34 *quantō ... tantō* bedeutet ... ↑S. 80

☐ a) je ... desto
☐ b) so viel ... wie
☐ c) größer ... als

35 Wie lautet der Nominativ Singular von *tibi* (dich)? ↑S. 90

☐ a) tē
☐ b) tuī
☐ c) tū

36 Wie lautet die richtige Übersetzung von *nē dīcam?* ↑S. 84

☐ a) Ich möchte etwas sagen.
☐ b) Sage nichts.
☐ c) Um nicht zu sagen, ...

37 Wie übersetzt man den folgenden Satz? ↑S. 83
Nōn dubitō, quīn eum vīderit.

☐ a) Ich bezweifle, dass er ihn gesehen hat.
☐ b) Ich zögere, ob er ihn gesehen hat.
☐ c) Ich zweifle, dass er ihn sieht.

Redewendungen

38 Was bedeutet *eā condiciōne, ut?* ↑S. 83

☐ a) die Bedingung, durch die ...
☐ b) unter der Bedingung, dass
☐ c) bedingungslos

39 Was bedeutet die Wendung *gratiās habēre?* ↑S. 54

☐ a) Anmut besitzen
☐ b) sich dankbar erweisen
☐ c) dankbar sein

40 Welche Übersetzung von *suō iūre* ist richtig? ↑S. 60

☐ a) mit vollem Recht
☐ b) durch Selbstjustiz
☐ c) nach eigenem Ermessen

↑ S. 68 **41** Was bedeutet der relativische Satzanschluss *quībus rēbus cognitīs?*
- ☐ a) Durch das Erkennen von gewissen Dingen ...
- ☐ b) Nachdem dies erkannt worden war ...
- ☐ c) Weil diese Dinge ans Licht gekommen waren ...

↑ S. 87 **42** Welche Übersetzung dieser Wendung ist richtig? *amīcōrum causā*
- ☐ a) durch die Freunde
- ☐ b) wegen der Freunde
- ☐ c) der Grund für die Freunde

↑ S. 43 **43** Wie übersetzt man *zu Hause sein?*
- ☐ a) domi esse
- ☐ b) domo esse
- ☐ c) domum esse

↑ S. 61 **44** Wie übersetzt man *capitis damnātus?*
- ☐ a) die festgelegte Hauptstadt
- ☐ b) der Hauptangeklagte
- ☐ c) zum Tode verurteilt

↑ S. 68 **45** Was bedeutet der Ablativus absolutus *hōc proeliō factō?*
- ☐ a) nach dieser Schlacht
- ☐ b) durch diese Schlacht
- ☐ c) durch die gemachte Zusage

↑ S. 36 **46** Wie wird der folgende Satz richtig übersetzt? *Cave, nē cadās!*
- ☐ a) Fall nicht hin!
- ☐ b) Töte nicht!
- ☐ c) Geh aus dem Weg!

↑ S. 68 **47** Was bedeutet die Wendung *hīs rēbus adductus?*
- ☐ a) Vom Staat veranlasst ...
- ☐ b) Dadurch veranlasst ...
- ☐ c) Dadurch aufgefordert ...

48 Wie lautet die richtige Übersetzung dieses Satzes? ↑ S. 69
Sōle oriente profectus est.

- ☐ a) Bei Sonnenaufgang brach er auf.
- ☐ b) Bei Sonnenuntergang brach er auf.
- ☐ c) Mittags brach er auf.

49 Welche Übersetzung der Wendung *magnō cum perīculō* ist richtig? ↑ S. 67

- ☐ a) Lob und Gefahr
- ☐ b) unter großer Gefahr
- ☐ c) unter großen Schmerzen

50 Wie übersetzt man *ante Christum natum* richtig? ↑ S. 86

- ☐ a) vor Christi Geburt
- ☐ b) nach Christi Geburt
- ☐ c) um Christi Geburt

51 Was heißt *glōriam petere?* ↑ S. 32

- ☐ a) nach Ruhm streben
- ☐ b) Ruhm erwerben
- ☐ c) nach Tugend streben

52 Was bedeutet *Caesare auctore?* ↑ S. 27

- ☐ a) Auf Caesars Schreiben hin ...
- ☐ b) Auf Caesars Veranlassung ...
- ☐ c) Als Caesar Schriftsteller war ...

53 Was heißt *bellō cōnfectō?* ↑ S. 68

- ☐ a) Weil die Schlacht geschlagen worden war ...
- ☐ b) Nach Zustandekommen des Krieges ...
- ☐ c) Nach Beendigung des Krieges ...

54 Wie übersetzt man *rem gerere?* ↑ S. 58

- ☐ a) eine Tat vollbringen
- ☐ b) den Staat lenken
- ☐ c) sich gut benehmen

↑S. 24 **55** Wie übersetzt man *meā sententiā?*
☐ a) mein Urteil
☐ b) meine Meinung
☐ c) meiner Meinung nach

↑S. 27 **56** Was bedeutet *rēs futūrās prōvidēre?*
☐ a) für die Zukunft sorgen
☐ b) die Zukunft vorhersehen
☐ c) die Zukunft voraussagen

↑S. 69 **57** Wie übersetzt man *sōle oriente?*
☐ a) bei Sonnenuntergang
☐ b) bei Sonnenaufgang
☐ c) auf orientalischem Boden

↑S. 15 **58** Die richtige Übersetzung von *causis expositis* lautet ...
☐ a) der dargelegte Fall.
☐ b) nach Darlegung der Gründe.
☐ c) offensichtliche Gründe.

↑S. 57 **59** Was bedeutet die Wendung *novīs rēbus studēre?*
☐ a) neue Dinge lernen
☐ b) sich um etwas Neues bemühen
☐ c) einen Umsturz planen

↑S. 20 **60** Wie lautet die richtige Übersetzung von *diem cōnstituere?*
☐ a) einen Termin festsetzen
☐ b) einen Tag auswählen
☐ c) dem Gott vertrauen

↑S. 91 **61** Der relativische Satzanschluss *quībus verbīs* bedeutet ...
☐ a) mit diesen Worten.
☐ b) durch diese Worte.
☐ c) aufgrund dieser Worte.

62 Was bedeutet dieser Satz? ↑ S. 36
Mē factōrum meōrum paenitet.
☐ a) Ich bereue meine Taten.
☐ b) Ich schäme mich für meine Taten.
☐ c) Ich ekle mich vor meinen Taten.

Themenwortschatz

63 Welche Aussage zu *concēdere* (zugeben, erlauben) trifft zu? ↑ S. 16
☐ a) Mit einem AcI bedeutet *concēdere* zugeben, einräumen.
☐ b) Mit einem AcI bedeutet *concēdere* erlauben, zulassen.

64 Wie wird der folgende Satz richtig übersetzt? ↑ S. 84
Timeō, nē sērō veniat.
☐ a) Ich fürchte, er kommt zu spät.
☐ b) Ich fürchte, er kommt nicht zu spät.
☐ c) Ich fürchte nicht, dass er zu spät kommt.

65 Wie heißt die Übersetzung dieses Satzes? ↑ S. 42
Rūre venit.
☐ a) Er verkauft das Landgut.
☐ b) Er kommt aufs Land.
☐ c) Er kommt vom Land.

66 Von welchem Verb ist *dīlēxī* (hochachten, lieben) die 1. Person Perfekt? – Von ... ↑ S. 34
☐ a) dīligere.
☐ b) dēligere.
☐ c) dēferre.

67 Was heißt *cōnsulere* mit Dativ? ↑ S. 27
☐ a) vorhersehen
☐ b) sich sorgen um
☐ c) sorgen für

↑S. 65 **68** Wie lautet der Singular von *vīrēs* (Streitkräfte)?
- ☐ a) virtus
- ☐ b) vir
- ☐ c) vīs

↑S. 32 **69** *sponte* bedeutet ...
- ☐ a) von selbst, absichtlich.
- ☐ b) spontan.
- ☐ c) nahezu.

↑S. 23 **70** Das Gegenteil von *perītus* (erfahren, kundig) lautet ...
- ☐ a) inperītus.
- ☐ b) disperītus.
- ☐ c) imperītus.

↑S. 56 **71** Was bedeutet dieser Satz?
Rem pūblicam gessit.
- ☐ a) Er lenkte den Staat.
- ☐ b) Er verwaltete sein Vermögen.
- ☐ c) Er war politisch aktiv.

↑S. 12 **72** Welche Übersetzung des folgenden Satzes ist richtig?
Marcus avus Tulliae est.
- ☐ a) Marcus ist Tullias Großvater.
- ☐ b) Marcus ist der Neffe von Tullia.
- ☐ c) Marcus ist so alt wie Tullia.

↑S. 53 **73** Was bedeutet die Wendung *officium praestāre?*
- ☐ a) im Beruf besser sein
- ☐ b) ein Amt ausüben
- ☐ c) seine Pflicht erfüllen

↑S. 54 **74** Wie übersetzt man den folgenden Satz?
Rēs memoriā dīgna nōn est.
- ☐ a) Die Erinnerung an die Sache ist unwürdig.
- ☐ b) Die Sache ist nicht erwähnenswert.
- ☐ c) Diese Sache muss man sich nicht merken.

75 Wie lautet die Übersetzung von *Cicerōne vīvō* richtig? ↑S. 16

☐ a) Als Cicero noch lebte ...
☐ b) Zu Lebzeiten Ciceros ...
☐ c) ein Hoch auf Cicero

76 Wie lautet die Übersetzung des folgenden Satzes? ↑S. 22
Gāius prūdens esse vidētur.

☐ a) Gaius sieht klug aus.
☐ b) Gaius scheint klug zu sein.
☐ c) Man glaubt, Gaius sei klug.

77 Wie übersetzt man den folgenden Satz? ↑S. 28
Hostēs arma dēpōnunt.

☐ a) Die Feinde verstecken die Waffen.
☐ b) Die Feinde legen die Waffen nieder.
☐ c) Die Feinde lassen die Waffen sinken.

78 Wie lautet die richtige Übersetzung? ↑S. 47
Mīlitēs animō dēfēcērunt.

☐ a) Die Soldaten verloren ihr Leben.
☐ b) Die Soldaten bekamen keine Luft mehr.
☐ c) Die Soldaten verloren den Mut.

79 *inter omnēs cōnstat* bedeutet: ↑S. 25

☐ a) Es ist allen bekannt.
☐ b) Unter anderem ist bekannt ...
☐ c) Es kostet alle etwas.

80 *lūctus, -ūs* (Trauer) ist das Gegenteil von ... ↑S. 35

☐ a) dolor, -oris.
☐ b) gaudium, -ii.
☐ c) timor, -oris.

81 Wie übersetzt man die Verbform *revertī* richtig? ↑S. 37

☐ a) Ich kehre zurück.
☐ b) Ich bin zurückgekehrt.
☐ c) Ich werde zurückkehren.

↑S. 15 **82** Wie lautet die Übersetzung von *patre hortante?*
- ☐ a) Als der Vater ermahnte ...
- ☐ b) Auf Zureden des Vaters ...
- ☐ c) Durch die Ermahnung des Patrons ...

↑S. 15 **83** Wie übersetzt man den folgenden Satz richtig?
Sibī rem familiārem quaerit.
- ☐ a) Er klagt über seine Familie.
- ☐ b) Er erwirbt sich ein Vermögen.
- ☐ c) Er sucht eine Familie für sich.

↑S. 36 **84** Wie lautet die Übersetzung dieses Satzes?
Mihi odiō est.
- ☐ a) Ich empfinde Hass.
- ☐ b) Es verursacht mir Hass.
- ☐ c) Er ist mir verhasst.

↑S. 26 **85** Wie lautet die Übersetzung von *mihi opus est?*
- ☐ a) Ich muss.
- ☐ b) Ich bin reich.
- ☐ c) Ich muss arbeiten.

↑S. 72 **86** Wie lautet die richtige Übersetzung von *hūmī iacēre?*
- ☐ a) am Boden liegen
- ☐ b) zu Boden schleudern
- ☐ c) krank sein

↑S. 53 **87** Der Künstler oder Schöpfer eines Bildes ist der ...
- ☐ a) artifex.
- ☐ b) pontifex.
- ☐ c) magister.

↑S. 27 **88** Welche Bedeutung hat *tollere?*
- ☐ a) emporheben, aufheben; beseitigen
- ☐ b) ertragen, aushalten
- ☐ c) nicht wollen

89 Was bedeutet dieser Satz? ↑S. 47
Amīcum linguam Graecam docet.
☐ a) Er bringt dem Freund Griechisch bei.
☐ b) Der Freund bringt sich Griechisch bei.
☐ c) Der Freund spricht Griechisch.

90 Wie übersetzt man *magnō cōnstāre*? ↑S. 43
☐ a) Großes feststellen
☐ b) viel kosten
☐ c) teuer verkaufen

91 Was bedeutet die Wendung *culpā vacāre?* ↑S. 46
☐ a) frei sein von Schuld
☐ b) sich entschuldigen
☐ c) von Schuld befreien

92 Wie übersetzt man folgenden Satz? ↑S. 48
Liber mihi est.
☐ a) Ich habe ein Kind.
☐ b) Das Buch gehört mir.
☐ c) Ich bin freier Sklave.

93 *hāc ratiōne* bedeutet ... ↑S. 23
☐ a) auf dieselbe Weise.
☐ b) vernünftigerweise.
☐ c) auf diese Weise.

94 Die Wendung *certiorem facere* heißt ... ↑S. 21
☐ a) sichergehen.
☐ b) benachrichtigen.
☐ c) sicherstellen.

95 *aliīs exemplō esse* heißt ... ↑S. 48
☐ a) anderen als Beispiel dienen
☐ b) ein anderes Beispiel anführen
☐ c) den Fremden ein Beispiel geben

↑S. 40

96 Wie lautet die Wendung *in rē pūblicā versārī* richtig übersetzt?

☐ a) sich politisch betätigen
☐ b) sich in einem Staat aufhalten
☐ c) sich um sein Vermögen kümmern

↑S. 69

97 Was bedeutet die Wendung *summā aestāte?*

☐ a) in der größten Hitze
☐ b) im Hochsommer
☐ c) bei hoher Brandung

↑S. 16

98 Wie wird der folgende Satz richtig übersetzt? *Vītam bene ēgit.*

☐ a) Er vertrieb sich die Zeit.
☐ b) Er lebte in Saus und Braus.
☐ c) Er führte sein Leben gut.

↑S. 53

99 Die deutsche Übersetzung von *mors* lautet...

☐ a) Tod.
☐ b) Sitte, Brauch.
☐ c) Maß.

↑S. 8

100 In das Wortfeld *ius* (Recht) gehören auch die Wörter ...

☐ a) *ager* und *frūctus.*
☐ b) *iūdex* und *reus.*
☐ c) *tēctum* und *fenestra.*

Lösungen

Funktionswortschatz		Redewendungen		Themenwortschatz	
1 c)	20 a)	38 b)	51 a)	63 a)	82 b)
2 a)	21 b)	39 c)	52 b)	64 a)	83 b)
3 b)	22 a)	40 a)	53 c)	65 c)	84 c)
4 b)	23 a)	41 b)	54 a)	66 a)	85 a)
5 a)	24 c)	42 b)	55 c)	67 c)	86 a)
6 b)	25 b)	43 a)	56 b)	68 c)	87 a)
7 b)	26 c)	44 c)	57 b)	69 a)	88 a)
8 c)	27 c)	45 a)	58 b)	70 c)	89 a)
9 c)	28 b)	46 a)	59 c)	71 a)	90 b)
10 b)	29 c)	47 b)	60 a)	72 a)	91 a)
11 b)	30 c)	48 a)	61 a)	73 c)	92 b)
12 a)	31 a)	49 b)	62 a)	74 b)	93 c)
13 b)	32 a)	50 a)		75 b)	94 b)
14 b)	33 a)			76 b)	95 a)
15 b)	34 a)			77 b)	96 a)
16 c)	35 c)			78 c)	97 b)
17 a)	36 c)			79 a)	98 c)
18 c)	37 a)			80 b)	99 a)
19 a)				81 b)	100 b)

Bibliografische Information der Deutschen Nationalbibliothek
Die Deutsche Nationalbibliothek verzeichnet diese Publikation in der Deutschen Nationalbibliografie; detaillierte bibliografische Daten sind im Internet über http://dnb.ddb.de abrufbar.

2., aktualisierte und erweiterte Auflage

Redaktionelle Leitung Heike Krüger-Beer
Redaktion Linda Strehl
Autoren Monika Bornemann, Petra Henningfeld, Linda Strehl

Herstellung Annette Scheerer
Typografisches Konzept Horst Bachmann
Illustrator Peter Lohse, Büttelborn
Umschlaggestaltung Michael Acker

Satz Robert Turzer, Tübingen
Druck und Bindung Offizin Andersen Nexö Leipzig GmbH
Printed in Germany

F E D C B A

ISBN 978-3-411-73082-7

Die besten Vokabellerntipps

1 Vokabeln **regelmäßig** lernen

Weniger ist manchmal mehr – es ist besser, sich täglich 15 Minuten dem Lernen von Vokabeln zu widmen, als am Tag vor der Klassenarbeit drei Stunden zu lernen.

2 Vokabeln **strukturiert** lernen

Vokabeln lernen sich leichter, wenn sie thematisch geordnet sind. Lerne am besten zuerst den Oberbegriff (z. B. *familia*), dann die zugehörigen Unterbegriffe (*pater, mater, filius, filia* usw.).

3 Vokabeln **aktiv** lernen

Je größer die Bandbreite der Methoden ist, die beim Vokabellernen zum Einsatz kommen, desto größer ist der Lernerfolg: Ein Wort, das du nicht nur schreibst, sondern z. B. auch unter Zuhilfenahme von Handy oder MP3-Player hörst, aktiviert unterschiedliche Bereiche im Gehirn und wird so besser behalten.